KAMP ARKADAŞLARI

KAMP ARKADAŞLARI

Yazarı: İpek Ongun
Yayın Yönetmeni: Meltem Erkmen
Düzelti: Sedat İmza
Düzenleme: Gülen Işık

Kapak Tasarımı: Pınar Kazma
İllüstrasyon: Betül Sayın

19. Baskı: Şubat 2011

ISBN: 975 331 632-1

Baskı ve Cilt: Kitap Matbaacılık
Davutpaşa Cad. No: 123 Kat: 1 Topkapı-İst
Tel: (0212) 482 99 10 (pbx)
Fax: (0212) 482 99 78

Yayımlayan:
Osmanlı Sk. Osmanlı İş Merkezi No: 18 / 4-5 Taksim/İstanbul
Tel: 0212.252 38 21 pbx Faks: 252 63 98
Internet adresi: www.epsilonyayinevi.com
e-mail: epsilon@epsilonyayinevi.com

KAMP ARKADAŞLARI

İpek Ongun

epsilon®

Babama...

ÖNSÖZ

ANNE VE BABALARA

Son yıllarda kitle iletişim araçlarının çocuklar üzerindeki etkisi, haklı olarak çokça tartışılır oldu. Televizyonun çocukları büyüleyen görsel-işitsel etkisi, boyalı basının çekiciliği, nicel ve teknik açıdan gelişerek yaygınlaşan çocuk kitap ve dergileri, çocuklarımızın davranışlarını ve zihinsel gelişimlerini etkilemekte, yönlendirmektedir. Çünkü onlar kültür ortamının en duyarlı alıcılarıdır. Eğitim ve eğlence adına çocuklarımıza sunulanlar, bir bakıma geleceğimizin harcını oluşturur. Özellikle çocuk kitapları konusunda başıboş yayıncılığın zararları, toplum bilincinde sorumluluk uyandırması gereken bir konudur. Bu nedenle gerek radyo ve TV çocuk programlarının, gerekse çocuk kitap ve dergilerinin pedagojik ilkeler ışığında denetimden geçmesini önermekteyiz.

Sorunun önemli bir yanı da, çocuklarımıza verilenlerin onların gelişim dönemlerine uygun olup olmadığıdır. Örneğin, masal çağının düşsel evreninden kopmaya başlayan son çocukluk çağındakilerin ya da ergenlik çağına henüz girenlerin özelliklerini, gereksinimlerini biliyor muyuz? Bu çağ çocuklarının toplumsallaşma eğilimlerinin yanı sıra gruplaşma, klikleşme özelliklerini dikkate alıyor muyuz? Onlar için grupları ve arkadaşları her şeydir; toplum adeta grupta yoğunlaşmıştır. Batıda bu dönem çocuklarının çeteler oluşturdukları, kimi kez bu çetelerin ciddi suçlara yöneldikleri bilinmektedir.

Ülkemizde çeteler yerine daha çok oyun grupları biçiminde görülen gruba bağlılık duygusu, aileler ve eğitimciler tarafından doğru yönlendirilirse, toplum ve çocuk yararına kullanılabilecek güçlü bir potansiyel oluşturabilir.

Bu kitap, ergenliğin eşiğindeki bir çocuk grubunun, söz konusu gizilgücü, oyun, eğlence ve serüvenle iç içe nasıl bir yapıcılığa dönüştürdüklerinin öyküsüdür. Ortaokul öğrencisi olan kahramanlarımız bir tatil kampındaki yaşama elbirliğiyle olağanüstü bir canlılık ve renk katıyorlar... Türkiye'deki turistik tesisleri kendini tanıtmadan incelemekle görevli bir yabancı gazeteciyi bulmak isteyen ve kampta örnek bir turistik hizmet vermenin yollarını araştıran çocuklar, maceradan maceraya koşuyorlar... Yörenin zengin uygarlık kalıntılarına düzenlenen geziler, Çukurova'nın büyüleyici efsaneleri çocuklarımızın elinde ve dilinde adeta yeniden yaşam kazanıyor...

Romanda, çocukların kişilik gelişiminde onlara tanınan fırsatların ne denli önemli olduğunu ilgiyle izliyoruz. Davranışlarını baskıdan uzak, özgürce seçebilen çocuklarda sorumluluk duygusunun ve ahlaksal gelişimin nasıl yükseldiğine tanık oluyoruz. Olaylar ve serüvenlerle dokunmuş sevgi, dayanışma ve dostluk duyguları içimizi ısıtıyor...

Yazarın güzel bir Türkçe, akıcı bir anlatım ve doğru bir yazımla dile getirdiği olayların gerilimi, kitabı bir solukta okuyacak denli başarılı.

Prof. Dr. Halûk Yavuzer

1. BÖLÜM

BİR ARMAĞAN

"Gözlerime inanamıyorum, dedeciğim! Teşekkür ederim, çok teşekkür ederim," diyerek Nilgün sevinçle dedesinin boynuna atıldı.

"Yavaş ol yavrum, boynumu koparacaksın."

"Ama inanılmaz bir armağan bu, dedeciğim."

Nilgün'ün doğum günüydü o gün. Oturma odasındaki tatlı dağınıklık, masanın üzerinde karmakarışık duran çay fincanlarıyla pasta tabakları, oraya buraya saçılmış yaldızlı paket kâğıtları ve yepyeni armağanlar, güzel geçmiş bir doğum gününün geride kalan kanıtlarıydı sanki.

Sonuncu arkadaşı da gittikten sonra Nilgün, küçük kardeşi Defne'yle birlikte oturma odasını toplamaya başlamıştı ki anneannesiyle dedesi çıkagelmişlerdi. Armağanını merak eden Nilgün'ün sabırsızlığına aldırış etmeyen dede, paketi özenle yere koyup açması için işaret etmişti. Heyecandan eli ayağına dolaşan Nilgün, bir süre paketin ipleriyle uğraştıktan sonra ipleri çözüp kâğıtları bir kenara itince ortaya turunculu mavili pırıl pırıl bir kumaş yığını çıkmıştı. Bir anlık şaşkınlıktan sonra Nilgün bir çığlık attı. "Anne, bu bir çadır! Kamp çadırı!"

"Aferin sana. Bak annen hâlâ bakıyor bu nedir diye," derken dede keyifli keyifli güldü.

Nilgün, "Ay dedeciğim, çok teşekkür ederim, hem de pek çok," dedikten sonra yere diz çöküp çadırı incelemeye koyuldu. Orasını burasını karıştırıyor, sorular soruyordu. Armağan herkeste şaşkınlık yaratmıştı, alışılmışın dışında bir şeydi bu.

Sonunda Nilgün, dedesine sordu. "Peki, dedeciğim, ben bu çadırı nereye kuracağım?"

"Apartmanın önüne." Hep birlikte gülüştüler, sonra dede ciddileşerek konuşmaya başladı. "Ortaokulu bitirdiğine göre artık kocaman, liseli bir kızsın değil mi?"

"Evet, dedeciğim." Nilgün'ün sesi gururluydu.

"Bu yaz anneanneni, Defne'yi ve seni alıp bir tatile çıkmayı düşünüyorum."

"Ya annemle babam?"

"Onlar da başbaşa kalıp bir parça kafa dinlesinler."

Anneanne, "Bak neler düşünürmüş de haberimiz yok," dedi.

"Elbette. Yaz geldi sayılır, okulların kapanmasına şurada ne kaldı... Ben de sizi alıp deniz kenarında bir yere gidelim diye düşündüm. Bu arada Nilgün'e de bir çadır alayım, kampçılığı öğrensin, iyi bir deneyim olur dedim kendi kendime."

Nilgün'ün annesi Belgin Hanım itiraz etti. "Ama baba, Nilgün bunu nasıl yapar?"

Dede, Nilgün'e göz kırptı. "Yapar efendim, bal gibi yapar. Bir kere bizim odamızın çok yakınına kuracağız onun çadırını, ben de yardımcı olurum, değil mi ya?"

"Tabii yaparım, dedeciğim, tabii yaparım," derken Nilgün telaş içindeydi. Ya izin alamazsam diye ödü kopuyordu. Neyse ki bu kez de anneanne yardımına yetişti. "Canım gözümüzün önünde olduktan sonra ne olabilir ki."

Belgin Hanım, "Anlaşıldı, anlaşıldı," dedi gülümseyerek. "Peki babacığım, nereye gideceğinizi de kararlaştırdınız mı?"

"Kimsenin bir itirazı yoksa Akdeniz kıyılarına gidelim, diyecektim."

Sevinçle kardeşi Defne'ye sarılan Nilgün atıldı. "Mersin'e gidelim, dedeciğim, Mersin'e."

"Seni gidi seni. Senin derdin Mersin değil, arkadaşın Şerife, öyle değil mi?"

Nilgün'ün gözleri bir an daldı. Arkadaşı Şerife'yi düşünüyordu. Onunla dört yıl önce, ikisi de beşinci sınıf öğrencisiyken okullar arası çekilen bir kura sonucu mektup arkadaşı olmuşlardı. Mektup arkadaşlığı, o ilk yıl içinde derin bir dostluğa dönüşmüş ve yıl sonunda Şerife'nin Mersin'den İstanbul'a gelmesiyle de iki küçük kız tanışmışlardı.

Aradan geçen dört yıllık sürede yine Şerife iki kez İstanbul'da üniversitede öğrenim gören ablasının yanına gelmiş, sevgili arkadaşıyla unutulmaz güzel günler geçirmişti. Dört yıl boyunca iki arkadaşın mektupları hiç aksamamıştı. Bu mektuplarda neler yoktu neler. Sorunlar, komik olaylar, üzüntüler, havadisler... Birlikte büyümüş, ortaokulu birlikte bitirmişlerdi sanki. Ve şimdi Şerife'yi tekrar görmek umudu beliriyordu.

Yalvaran gözlerle dedesine baktı Nilgün. "Ne olur Mersin'e gidelim, Şerife'yi görelim, dedeciğim."

"Pekâlâ, pekâlâ."

"Yaşşa, dedeciğim. Öyleyse hemen oturup ona geleceğimizi yazayım, değil mi anne?"

Belgin Hanım, kızının heyecanlı haline eğlenerek bakıyordu. "Hiç durma."

Gerçekten de Nilgün hiç zaman yitirmeden Şerife'ye planlarını anlatan bir mektup postaladı. Gelen yanıtta Şerife, sadece kendinin değil, tüm ailesinin bu habere ne denli sevindiklerini, onları Menteş köyüne beklediklerini, ellerinden geldiğince ağırlamak istediklerini ısrarla yazıyordu. Birkaç mektup sonra yolculuk programı kesin şeklini almıştı.

Sonunda özlemle beklenen tatil geldi, okullar kapandı. Dede, anneanne, Defne ve Nilgün, dedenin arabasıyla yola çıktılar. Belgin Hanım onlar için çeşitli sandviçler hazırlamış, termosları meyve sularıyla doldurmuştu. Yolda, bir dere kenarında durup karınlarını doyurdular, yol boyu da kâh uyuyup kâh sözcük oyunları oynayarak Ankara'ya vardılar. Bir gece Ankara'da kaldıktan sonra Mersin'e geldiler. Ondan sonra da sora sora Menteş köyünü buldular. Şerife'nin köyü gerçekten de yemyeşil, güzel, küçük bir köydü. Şerife'nin annesiyle babasının ısrarları karşısında bir gece de orada kaldıktan sonra Şerife'yi de alıp Silifke'deki mokampın yolunu tuttular.

Şerife'nin babasından izin almak epeyce güç olmuştu ama dede her zamanki becerisini göstermişti. Şerife'nin annesiyle babası ikna edilirken Nilgün'ün yalvarmaları etkili olmuş, Şerife'nin babası dönüşte tüm ailenin, bir süre de onlarda kalacaklarını vaat etmeleri üzerine, kızına izin vermişti.

Araba Silifke'ye doğru yol alırken iki arkadaş sevinçten uçuyorlardı. Onlar için ne güzel bir tatil başlıyordu...

2. BÖLÜM

KAMPTA SABAH

Kampa geleli iki gün olmuştu. Yeni uyanan Nilgün, öteki yatağın boş olduğunu görünce kalkıp yavaş yavaş çadırın önüne doğru yürüdü. Kampta sabah ne kadar da güzeldi... Işıltılar içinde masmavi bir deniz, kampın toprak yollarının iki yanını bezeyen pembe zakkumlar, narin dalları üzerinde titreşen ateş kırmızısı Japon gülleri ve tüm odaların bembeyaz duvarlarını, kemerli kapılarını kucaklamışçasına duran mor çiçekli dev sarmaşıklar... Tüm bu renk cümbüşü ancak Akdeniz'in parlak güneşi altında oluşabilirdi. Duşların, kamp mutfaklarının çevresinde ise iri, beyaz papatyalar, sadece serçe kuşlarının seslerinin duyulduğu bu erken saatte, nazlı nazlı dalgalanıyordu.

Nilgün ufacık aynada kısa kıvırcık saçlarını çabucak fırçaladıktan sonra şortuyla bluzunu sırtına geçirdi. Ela gözleri mutlulukla parlıyordu. Ayak seslerini duyunca dışarı çıktı. Şerife elinde çaydanlık ve demlik, kamp mutfağından geliyordu. Nilgün'ü görünce seslendi. "Çay hazır."

"Neden beni uyandırmadın, hınzır kız?"

"Öyle güzel uyuyordun ki kıyamadım."

"Ama yarın çayı mutlaka ben yapacağım, tamam mı?"

"Tamam, tamam."

Şerife çaydanlığı ve demliği masanın üstüne koyduktan sonra elinin tersiyle uzun sarı saçlarını geriye gitti. Nilgün'ünkinin tersine onun saçları uzundu ve kalın bir örgü halinde sırtında sallanıyordu. Yine Nilgün'ün cıvıl cıvıl parlayan gözlerine karşılık, Şerife'nin yeşil gözleri hep düşünür, düş kurar gibiydi. Nilgün hareketli, muzip, Şerife ise ağırbaşlı ve sakindi. Dış görünüşleri ve kişilikleri farklı olan bu iki kız aslında birbirlerini tamamlıyorlardı.

Çay fincanlarını çadırın önündeki masaya taşırken Şerife, "Çadırımızın yeri iyi oldu doğrusu," dedi. "Mutfaktan gelirken baktım da, bu koca çamla zeytin ağaçları ne güzel bir köşe oluşturmuş. Kuytu ve gölgelik."

"Şükrü Amca olmasaydı ne bu yeri bulabilir ne de çadırı kurabilirdik ama artık öğrendiğimize göre, bir dahaki sefere çadır başımıza geçmeden kendimiz kurabiliriz," dedikten sonra Nilgün bir an durdu ve ekledi. "Umarım." Bu son söze iki arkadaş uzun uzun güldüler.

Geldikleri gün, kampın sahibi Şükrü Amca onlara çok yardımcı olmuş, anneanneyle dedenin odasına yakın olan bu gölgelik köşeyi önermiş, çadırlarını da kendi kurmuştu. Uzun boylu, kır saçlı, iri ela gözlü, neşeli bir adamdı Şükrü Amca. Defne'ye gelince, küçük kız anneanne ve dedesiyle odada kalıyordu, ama bu, onun sık sık çadıra gelmesini engellemiyordu tabii. Gerçekten de turunculu mavili çadırın görünümü pek çekiciydi. Çadırın iki bölümünden birinde şişme yataklar, diğerinde ise giysiler, buz kutusu, resim araç gereçleri, kitaplar duruyordu. Çadırın önüne yine Şükrü Amca'nın verdiği hasırı sermişler, tentenin altına yerleştirdikleri küçük bir masa ve iki portatif iskemleyle de gereksinimlerini tamamlamışlardı.

Az sonra kahvaltı faslı Nilgün'ün sadece bir kez çay bardağını devirmesi, bir kez de bulaşıkları yıkarken çatal bıçakları büyük bir patırtıyla mutfakta yere düşürüp tüm turistlerin yüreğini ağzına getirmesi dışında olaysız sona ermişti. Şerife küçük masanın üstünü silerken Nilgün'e muzip muzip baktı. "Kutlarım seni Nilgüncüğüm, bugünü sadece ikicik kazayla atlattın."

"Aman ne bileyim nasıl oluyor. Her ne kadar mükemmel bir ev kızı sayılmasam da buraya gelinceye kadar bu denli sakar değildim. Bana nazar değdi herhalde."

Neşeyle gülen iki kız mayolarını giyip havlularını aldıktan sonra koşarak deniz kıyısına indiler. Deniz kenarında müthiş bir çekişme sürüp gidiyordu. Tombul göbeğini tüm ihtişamıyla ortaya koyan şort biçimi parlak mavi mayosunu giymiş olan dede, denize atlamaya hazırlanıyor, anneanne ise yanı başında onu vazgeçirmeye çalışıyordu.

"Cevat, doğru dürüst merdivenden gir, böyle atlamanı hiç doğru bulmuyorum," diyordu. Dede çocukları görünce el salladı ve anneanneye nispet yaparcasına keyifle gülerek cubbadak denize çivileme atladı. Anneanne haykırmıştı. "Cevat!" Çocuklar ise kıyıya dizilmişler, neşeyle dedeyi alkışlıyorlardı. Dede denizden bağırıyordu. "Haydi çocuklar, haydi Şerife, haydi Hafız (Dede çok okuduğu için Nilgün'e Hafız derdi), atlayın bakalım." Kızlar peşi peşine denize atladılar. Az sonra hep birlikte çarşaf gibi düzgün denizde şakalaşarak dalıp çıkıyor, yüzüyorlardı.

3. BÖLÜM

BİR MUTFAK SOHBETİ

"Sen daha önce hiç bulaşık yıkamış mıydın bakayım?" Sert biçimde sorulan bu soru Nilgün'ün dikkatini boğuştuğu sabun köpüklerinden sesin sahibine çevirdi. Yanı başında olağanüstü şişman, yaşlıca, fakat dinç bir hanım duruyordu. Yüzü bir bebeğinki gibi gepgergin, bakışları insanı delercesine keskindi. Kulaklarındaki gül küpelerle boynundaki incecik inciler süsüne düşkün olduğunu belirtiyordu.

"Hayır, ama bulaşık yıkayabilmek için daha önceden bilmek şart değil ki."

"Çok aptalca bir düşünce! Her şeyin bir usulü, bir yolu yordamı vardır. Bir süredir seni gözlüyorum, çabalayıp duruyorsun."

"Ama efendim, amaç kirlileri temiz yapmak değil mi?" Nilgün karşısındaki bu şişman kadınla garip bir tartışmaya girdiğinin farkındaydı. Bakalım iş nerelere varacaktı.

"Evet, hiç olmazsa o kadarcığını kavrayabilmişsin, şimdiki çocuklar ne kadar da beceriksizler yarabbim." Herkesin duyabileceği biçimde kendi kendine söylenen tombul hanım daha yumuşak bir tavırla ekledi. "Ama yine de ben seni sevdim, çocuk. Kaç gündür öteki kızla gelip gidişlerinizi izliyorum. Bak, onun eli bu işlere yatkın. Hımm... O kız senin neyin oluyor bakayım?"

Tanrım, ne kadar da çabuk konuşuyor, soruları ardı ardına silah patlatır gibi soruyor, diye düşünen Nilgün, "Arkadaşım efendim," deyince, tombul hanım başını salladı. "Yaa, tabii, tabii, anlamalıydım. Birbirinize hiç benzemiyorsunuz, kaç gündür bunu düşünüyordum. Kendi kendime, olsa olsa kuzen olmalılar demiştim. Peki, o beyaz saçlı beyle hanım kim?"

"Anneannemle dedem, efendim."

Yaşlı hanımın bebek yüzü, dersini bilmiş çocuklarınki gibi aydınlanıverdi. "Tamam, tamam, bilmiştim zaten. Kendi kendime, onlar bu çocukların dede ve nineleri olmalılar demiştim. Peki yavrucuğum, annen baban niye yoklar? Allah korusun bir hastalık mastalık yok ya?" Yüzü endişe doluydu bu kez.

Nilgün kendini tutamayıp güldü. "Hayır efendim. Onlar bir geziye çıktılar, bizi de..."

"Yani kardeşin olması gereken o cici küçük kızla seni..."

"Kutlarım sizi, efendim. O cici küçük kız gerçekten benim kardeşim."

"Maşallah, maşallah. Pek cici şey, taş bebek gibi. Okula gidiyor mu?"

"Bu yıl dördüncü sınıfa..."

"Ya öteki kız? Arkadaşın olan?"

"Onu annesiyle babası bizimle gönderdiler."

"Aaa, üstüme iyilik sağlık, demek kızlarını öylece size teslim ettiler."

"Evet, efendim."

"Hayret doğrusu!"

"Ama şimdi size güceneceğim, efendim, biz o denli kötü insanlar mıyız ki bunca şaşırıyorsunuz?"

Tombul hanım ufak bir kahkaha attı. "İlahi çocuk, 'hayret' derken sizleri düşünerek söylemedim, onun ailesinin kızlarını bırakabilmesine hayret ettim. Ufacık bir ayrıntı bu, ama şimdinin gençleri bu ince ayrıntıları kavramaktan âcizler tabii."

Nilgün bu sorgu ve hakaret bombardımanı karşısında sersemlemişti. Her şeye karşın çok cana yakın bir kadındı.

"Aaa ne bakıyorsun bana öyle, ellerin suyun içinde, çocuk? Bak sana ne diyeceğim, şimdi ben sana nasıl bulaşık yıkanacağını usulüyle öğreteceğim. Ömrün boyu bana dua edersin. Her seferinde de bir Esma Fazıla Teyze vardı, bana ilk bulaşığı o öğretmişti dersin," diyen bu tombul hanım, Nilgün'e bulaşığın tüm inceliklerini hem göstererek hem anlatarak öğretti.

Tombul hanım, tabakları birlikte kurularken yine küçük bir kahkaha attı. "Yavrucuğum, onca sohbet ettik de kendimizi birbirimize tanıtmadık bile. Ben İstanbul'un Kaşıkçıoğlu efradından Esma Fazıla Kaşıkçıoğlu."

Nilgün elindeki bulaşık bezine rağmen en ciddi tavrıyla, "Memnun oldum, Esma Teyze, ben de Nilgün Baran," dedi.

"Olmadı çocuk, olmadı."

"Efendim?"

"Bana Esma da denmez, Fazıla da."

"Peki ne denir, efendim?"

"Esma Fazıla. Esma Fazıla Hanım ya da Esma Fazıla Teyze."

"Peki, Esma Fazıla Teyze."

"Aferin! Biliyor musun, senin kavrayışın hiç de fena sayılmaz."

Nilgün bu sözün büyük bir iltifat olduğunu sezinlemişti.

"Haydi bakalım, sen şimdi doğru denize, ben de oturup torunlarım için şöyle güzel bir dolma sarayım."

"Ama Esma Fazıla Teyze, o zaman bütün gününüzü burada geçirmeniz gerekecek."

"Çok konuşma çocuk, her yaşın kendine özgü zevkleri vardır, senin yaşında yüzmek neyse, benim yaşımda canım torunlarıma dolma sarmak odur. Haydi, koş koş, sonra yine görüşürüz. Haa, bundan böyle bulaşıklarını kontrol edeceğim, eğer benim öğrettiğim gibi yıkamazsan elimden çekeceğin var."

Nilgün elinde gıcır gıcır yıkanmış tabaklar ve bardaklarla dolu bulaşık leğeni, ağaçların arasındaki kestirme patikadan çadıra doğru hızlı hızlı yürürken gerçekten ilginç bir dost edindiğine inanıyor, bunu Şerife'ye anlatmak için sabırsızlanıyordu.

Öğleden sonra dedeleri arabayla civarı dolaşmayı, ardından da Narlıkuyu'daki ufak salaş kahvede bir şey içmeyi önerdikten sonra, "Ama önce üstümü değişeyim," deyince çocuklar birbirlerine bakarak gülüştüler. Dede giyimine pek meraklıydı, hele hele yazın parlak renkli, iri desenli gömlekler giymeye bayılır, başında ince yazlık kasketi, ayağında file pabuçları, bembeyaz favorileri ve saçlarıyla tüm dikkatleri üzerinde toplardı. Açıkça itiraf etmemesine karşın, bu ilgi onun pek hoşuna giderdi. Nitekim az sonra küçük dore düğmeli, parlak sarı gömleği ve koyu lacivert keten pantolonuyla ortaya çıktığında, çocuklar bir ağızdan, "Ay dedeciğim, ne kadar şıksınız!" diye bağırınca yüzü memnunlukla aydınlandı. Anneanne, çocuğunun her yaptığını hoş gören bir annenin ifadesiyle dedeye gülümsüyordu. Dede omzuna askılı çantasını da asmıştı. O çantanın içinde neler yoktu neler... Çeşit, çeşit bisküviler, fındık, fıstık, şeker, küçük bir termos (bu termos, mevsimine göre sıcak ya da soğuk bir içecekle dolu olurdu), kibrit, pipo, tütün kesesi, gözlük ve torunlarının, çiçeklerinin, köpeklerinin çeşitli pozlarda resimlerini içeren küçücük bir albüm! Dede birini buldu mu hiç çekinmeden bunlarla övünür, resimleri gösterir dururdu. Çocuklar dedenin askılı çantasına bayılırlardı, ne isteseler vardı onun içinde. Yolda acıktılar mı dede bisküvileri çıkarır, gezinirken başka çocuklarla dostluk mu kurdular, hemen dedenin çantasından şeker ikramı yapılır, susadılar mı termos ortaya çıkardı. Dede kasketini başına şöyle havalı biçimde yerleştirip piposunu da ağzına aldıktan sonra gitmeye hazırlar demekti.

Araba kamp yollarında yavaş yavaş ilerliyor, Nilgün yeni tanıştığı Esma Fazıla Kaşıkçıoğlu'nu anlatıyordu. Çıkış kapısına yakın dönemece geldiklerinde ne oluyor demeye kalmadan müthiş bir sarsıntı ve gümleme oldu. Yan taraftan hızla geri geri çıkan kampın kamyoneti onlara bindirmişti. Öylesine korkmuş ve şaşırmışlardı ki bir an oldukları yerde kalakaldılar. Defne ağlıyordu, dedenin yüzü bembeyazdı. İlk kendine gelen Nilgün oldu. Arabadan sıçrayıp çıktı. Kamyonetin arkası arabanın içine iyice girmiş, her iki kapıyı da fena halde göçertmişti. Aynı anda kamyonetin içinden 17-18 yaşlarında genç bir çocuk fırladı. Danışmada çalışan çocuktu bu. Nilgün korkunun verdiği hırsla bağırıyordu.

"Önüne baksana, az kaldı hepimiz yaralanacaktık. Kamp içinde böyle hızlı gidilir mi? Bir de burada çalışıyorsun!" Nilgün kızmıştı bir kez, artık onu durdurmak bir meseleydi. Şerife de otomobilden çıkmış, Nilgün'ün eteğini çekiştiriyor, "Nilgün, sakin ol," diyordu.

Nilgün bu kez hışımla Şerife'ye döndü. "Sakin olu var mı? Biraz daha hızlı gidiyor olsaydık, ölebilirdik bu gerzeğin yüzünden."

Anneanne sakin ama otoriter bir sesle, "Ne biçim konuşuyorsun, Nilgün?" deyince kızgın kız hırsla ayağını yere vurdu, ama susmuştu, daha doğrusu anneannesinin sesi kendini toparlamasına yardımcı olmuştu. Delikanlının yüzü kıpkırmızıydı. Dede arabasını inceliyordu. Gümlemeyi duyanlar koşup gelmişler, bir kalabalık oluşuvermişti. Az sonra Şükrü Amca da geldi. Her kafadan bir ses çıkıyordu.

"Zabıt tutturun."

"Jandarma çağıralım."

"Yok canım ne gereği var..."

"Gereği olmaz olur mu, baksana arabanın yanı iyice göçmüş."

Dede sinirli sinirli piposunu çekiştirerek göçmüş kapıları inceliyordu. Şükrü Amca hemen duruma el koydu.

"Cevat Bey, arabayı odanın önüne çekelim. Geri kalan her şeyi ben hallederim, siz merak etmeyin. Oğlum Mert, sen de kamyoneti yukarı götür. Haydi çocuklar, siz de oyununuza dönün. Merak edilecek bir şey yok."

Herkes yavaş yavaş dağıldı, araba odanın önüne park edildi; çay sefası da böylece başlamadan bitmiş oluyordu. Şükrü Amca onlarla birlikte odaya gelmiş, dededen özür diliyor, onu yatıştırmaya çalışıyordu; içecek bir şeyler ikram etti ama kimsenin canı bir şey istemiyordu, güzel bir öğleden sonra mahvolmuştu.

Az sonra Şükrü Amca yukarı gitti, döndüğünde yanında bir adamla, arabaya çarpan çocuk vardı.

"Cevat Bey, Mert'le babası geldiler, sizinle görüşecekler." Şükrü Amca gülücükler içinde soğuk havayı dağıtmaya çalışıyordu. Dedenin arabası pek kıymetliydi, onun oyuncağıydı adeta. Arabasını temizler, gıcır gıcır tutar, onun üzerine titrerdi.

Adam konuşmaya başladı. "Çok üzgünüz, Cevat Bey, bir kazadır olmuş. Oğlum da ben de özür dilemeye ve masrafları karşılayacağımızı söylemeye geldik."

"Üzülmeyin, olan oldu bir kez. Ben şimdi bu arabanın beni İstanbul'a götürüp götüremeyeceğini düşünüyorum."

"Yarın hemen tamircileri alıp geleceğim. Siz gidene kadar tamir ettiririz. Masrafları Mert'le ben ödeyeceğiz."

"Parmak kadar çocuğa para ödetir miyim ben?"

"Oğlum burada, danışmada çalışıyor. Dikkatsizliğinin cezasını aldığı tüm maaşı vererek ödemeli ki bu olayı unutmasın. Üstünü de ben tamamlarım."

Şükrü Amca söze karıştı. "Şirket de katkıda bulunur. Ne de olsa kaza burada oldu, kendi elemanımız yaptı bu kazayı."

Nilgün bir köşeden Mert'e düşmanca bakışlar fırlatarak

konuşulanları dinliyordu. Oysa hava yumuşamış, dede onlara yiyecek bir şeyler ikram etmeye başlamıştı bile. Söz yavaş yavaş başka konulara kaydı, sonunda baba oğul kalktılar. Mert, "Cevat Bey, tekrar özür dilerim, isteyerek olmadı," dedi.

Dede, "Artık bu konuyu kapattık, oğlum," diyerek onun sırtını sıvazladı. Mert, Nilgün'den başka herkese başıyla selam vererek babasıyla ayrıldı. Belli ki o da yaptığı çıkışlardan dolayı Nilgün'e kızgındı.

4. BÖLÜM

HORTLAK

O akşam yemeği için dede dalyandan bir sepet pavurya getirmiş, lokantanın mutfağında pişirsinler diye bırakmıştı. Masada pavuryaların haşlanıp getirilmesini bekliyorlardı. Nilgün hayran hayran anneannesini süzüyordu. Ne güzel kadındı anneannesi... Kendini bildi bileli anneannesinin saçları bembeyazdı. Belgin Hanım bile, annesinin saçlarını hep beyaz olarak anımsadığını söylediğine göre anneannesinin saçları çok çok gençken ağarmış olmalıydı. Bambaşka bir beyazdı bu, sarımsı değil, mavi ışıklar saçan bir beyazdı. Anneannesinin genç ve klasik hatlı yüzünü bir taç gibi süsler, ona depdeğişik bir hava verirdi. Zarif giyimi ve ağırbaşlı haliyle ailenin gururuydu anneanne. Bir ara gözü Nilgün'e takılan anneanne sordu. "Ne o Nilgün, niye öyle daldın?"

Nilgün gizli düşüncelerinde yakalanmışçasına kızarıp silkelenerek, "Hiiiç anneanneciğim," derken içinin tüm sevgisiyle anneannesine gülümsedi.

Anneanne, "Çocuklar, bugün öğleden sonra sizin mutfak dostunuz Esma Fazıla Hanım'la epeyce sohbet ettik," dedi.

"Yaaa!"

"Ben deniz kenarındaki banklardan birine oturmuş örgü örüyordum ki yanıma gelip oturdu. Sizi pek övdü. 'Efendi, terbiyeli kızlar,' dedi. 'Bugünlerde böylelerine ender rastlanıyor, gençlerin ağzında pabuç kadar bir sakız, bir yandan çiğniyor bir yandan da büyükleriyle konuşuyorlar, saygı diye bir şey kalmadı,' dedi. Geçen gün mutfakta onu iteleyip geçmek isteyen bir genç kızı kolundan tuttuğu gibi çevirmiş ve şöyle demiş: 'Bana bak, nereye gidiyorsun öyle dirsek vurarak? Madem kampa gelmişsin, bari kurallara uymaya çalış, ocak sırası bende. Ben bu yaşlı halimle sıramı bekliyorum da sen mi bekleyemeyeceksin? Bir daha omuz vurup açıkgözlük yapmaya kalkarsan, sana bir Osmanlı tokadı atarım, nereden geldiğini şaşırırsın.'"

Kızlar katılırcasına gülüyorlardı. "Deme anneanne, demek bir Osmanlı tokadı atarım demiş."

"Yaa evet. Kız da süklüm püklüm özür dilemiş. Esma Fazıla Hanım yaptığına pek memnundu. Terbiyesizin terbiyesini vermek, bir fakiri giydirmek kadar sevaptır,' diyor."

Dede, "Desene tam Osmanlı kadını," dedi.

"Görmüş geçirmiş bir İstanbul hanımı olduğu belli."

Tam bu sırada aşçı telaş içinde koşarak geldi. "Cevat Bey, Cevat Bey, suyu kaynamaya koydum ama pavuryalar fayansların üzerinde yürümeye başladılar, şimdi ben ne yapayım?" Adamcağız şaşkındı, pavuryalar ordusu onu dehşete düşürmüştü.

Dede hiç istifini bozmadan, "Ters çeviriver usta, o zaman bir yere gidemezler," dedi.

Acemi aşçı olduğu yerde kalakaldı. Bunu hiç düşünmemişti. Başını iki yana sallayarak mutfağa koştu. Pavuryaları tersine çevirirken patatesleri soyan yamağa, "Şu Cevat Bey âlem adam, neler de biliyor. Pavuryaları ters çeviriver diye hemen çare buluverdi. Hiç aklıma gelmemişti," diye söylenip duruyordu.

Az sonra pavuryalarla birlikte Şükrü Amca'nın özel olarak hazırlattığı humusu iştahla yiyorlardı. Şerife humusun nasıl yapıldığını anneanneye anlatıyordu. "Nohut ezmesi de denebilir. Nohutlar püre haline geldikten sonra bir parça tahin, dövülmüş sarımsak ve limon suyu ekleyip üstünü çeşitli baharlarla süslüyorsunuz."

"Yavrucuğum, bunun tarifini senden alıp bir yere yazayım da İstanbul'a dönünce kızımla damadıma yapayım, eminim onlar da çok beğenecekler."

Yemekten sonra masadakilere iyi geceler dileyen iki arkadaş çadırlarına yollandılar. Kampı derin bir sessizlik sarmış, çoğunluk odasına çekilmişti. Hafif bir rüzgâr yaprakları hışırdatıyordu. Birden Şerife, "Nilgün şuraya bak," dedi. Odalardan birinin önünde beyazlar içinde biri ayakta duruyordu.

"Ay, çarşafa mı sarınmış ne?"

"Bilmem, galiba öyle, ama niye çarşaflara sarınmış ayakta duruyor acaba?"

"Yüreğim ağzıma geldi, tıpkı bir hortlağa benziyor."

Çadırlarına vardıklarında garip kişi hâlâ odasının önünde ayakta duruyordu. Nilgün duşunu yapmış, geceliğini giyip çoktan yatağına uzanmıştı ki Şerife gülmesi duyulmasın diye ağzını kapatmış, çadıra daldı.

"Hayrola, Şerife?"

"Ay ne korktum ne korktum bilemezsin."

"Ne oldu?"

"Dişlerimi fırçalamak için tuvaletlere gitmiştim, sonra yüzümü sabunladım, o sırada kapı gıcırdadı. Biliyorsun, bu saatte çoğu kişi yatmış oluyor, tuvaletlerde de benden başka kimse yoktu. Az önceki, beyazlar içinde ayakta duran o garip yaratık vardı ya... Bir de hortlak lafı etmiştik... Belki saçma ama yine de elimde olmadan ürperdiğimi hissettim."

Nilgün elindeki kitabı bırakıp olduğu yerde doğruldu. "Eee sonra?"

"Kapı gıcırdayarak yavaşça açıldı, ama ayak sesi yok, başımı kapıya doğru çevirdim, yüzüm gözüm sabun içinde ya pek doğru dürüst göremiyordum, yalnız bir şeyin sessizce içeri doğru kaydığını yarım yamalak gördüm. İşte hortlak geldi dedim, sanki enseme parmaklar değecekmiş gibi ensem karıncalanmaya başladı. Acele acele yüzümü yıkayıp sabun köpüklerinden kurtulunca arkama döndüm ki ne göreyim?"

"Ne gördün?" Nilgün iyice heyecanlanmıştı.

"Bir hortlak!"

"Nee?"

"Hortlak orada bembeyaz duruyordu."

"Aman Şerifeciğim, uzay çağındayız biz, hortlağa inanmamı bekleyemezsin herhalde."

"Dur anlatayım. Yüreğimin gümbürtüsü kulaklarımın içinde ötüyordu sanki. Birden hortlak konuşmaya başladı."

"Ay... ay... ay..."

"Dedi ki: 'Özür dilerim, sizi ürküttüm galiba.'"

"Ne de nazik bir hortlakmış."

"Sözümü kesmeden dinle lütfen. 'Ama güneşte öyle fena yanmışım ki üzerime hiçbir şey giyemiyorum, ben de soyunup bir çarşafa sarındım. Oturamıyorum, kalkamıyorum, ağrıdan duramıyorum,' dedi. Nilgün, yüzüm ne hale gelmiş olmalı ki durmadan özür dileyerek güneş yanığını anlatıyordu. Neyse, kendimi toparladıktan sonra ona dikkatle bakabildim. Esma Fazıla Teyze'nin sözünü ettiği, balayına gelen genç hanımdı bu."

Nilgün bir kahkaha attı.

"Esma Fazıla Teyze'nin deyişiyle kafamı toparladıktan sonra ona dikkatle bakabildim. Esma Fazıla Teyze yine haklı çıktı. 'Bunlar teleme peyniri gibi beyaz, güneşte de çok kalıyorlar, hele de genç kadının sonu fena olacak,' diyordu."

"Sorma, zavallı kadının her yanı kıpkırmızıydı, feci yanmış."

"Peki, ne demeye o kadar güneşte kalmış? Akdeniz güneşinin ne denli güçlü olduğunu bilmiyor muymuş?"

"Onu da anlattı zavallı. Dört beş yıldır ilk kez deniz kenarında tatil yapma fırsatını bulmuş. Yeni evliymiş, kocasıyla birlikte şöyle güzelce bir denize girelim, bol bol yanalım demişler. Sözün kısası, beş yılın acısını çıkarmak istemişler."

"Ne kötü bir tatil başlangıcı."

"Bir de hortlak diye ondan korktuğumu anımsadıkça güleyim mi ağlayayım mı bilemiyorum. Yakınmaları bitince geçmiş olsun dedim ve olanları sana anlatmak için koşa koşa buraya geldim."

İki arkadaş bir süre de yattıkları yerden konuştuktan sonra uyuyakaldılar. Onlar mışıl mışıl uyurken, ilerdeki odanın önünde beyazlar içinde bir yaratık (!) bir aşağı bir yukarı yürüyor, sabahı bekliyordu.

5. BÖLÜM

ŞÜKRÜ AMCA'NIN SORUNU

Nilgün pantolonunun üzerine temiz bir gömlek giyerken bir yandan da, "Dedemin bu gece bizi yemeğe davet etmesi iyi oldu doğrusu, biraz dinlenebileceğiz," diyordu.

Şerife ise çadırın bir kenarına astıkları küçük aynada saçlarını tarıyordu, bu sözler üzerine duraladı. "Ne yaptın da o kadar yoruldun, Nilgün?"

"Ne mi yaptım? Daha ne yapayım, sofra kur, bulaşık yıka, yerleri süpür..."

Şerife dayanamayıp bir kahkaha attı. "İlahi Nilgün, sen bunlara iş mi diyorsun?"

"Senin tuzun kuru Şerife Bayan, her şeyi bir çırpıda kolayca yapıveriyorsun. Ya ben, her şeyi yıka döke ortalarda dolanıp duruyorum. Ama itiraf etmeliyim ki bu benim için iyi bir deneyim oldu. Artık Gülbahar Teyze'nin bir şeyi devirdiğimiz ya da yeni temizlediği yerlere çamurlu pabuçlarımla bastığım zamanlarda homurdanmasını anlayışla karşılayabileceğim, çünkü sevgili Şerifeciğim, yerleri ben süpürdüğüm vakit tekrar kirlenmesin diye neredeyse ayaklarımı omuzlarıma alıp yürüyeceğim geliyor."

Hazırlıklarını bitiren iki arkadaş restorana yollandılar. Dede, anneanne ve Defne çoktan gelip oturmuşlardı bile. Çiçekli giysisi, bilezikleri ve yüzükleriyle Defne pek süslüydü yine. Nilgün'e çok benzeyen Defne'nin yumuşak yüz hatlarını çevreleyen uzun, kumral saçları bir bantla tutturulmuştu. Saçlarını açık bırakmayı pek severdi küçük kız. Onun takıp takıştırma merakı aile içinde eğlence konusuydu. Ama Nilgün takılmayı uzun sürdürdü mü dede, "Rahat bırak bakayım çocuğu, yoksa ben de senin o yaşta neler taktığını anlatırım," derdi. Dedesinin de onu şımartmasından yararlanan Defne, gönlünce takıp takıştırıyor, bundan büyük bir mutluluk duyuyordu. Bu gece de yine elleri, kolları dopdolu gelmişti yemeğe.

Dede, Şükrü Amca'yı da yemeğe davet etmişti. Çocukları görünce Şükrü Amca kalkıp onlara yer gösterdi. "Buyrun küçükhanımlar," dedikten sonra sordu. "Eee çocuklar, kamp hayatı nasıl gidiyor, neler yapıyorsunuz bakalım?"

"Çok güzel gidiyor Şükrü Amca, çadır yaşamına iyice alıştık. Deniz bir harika, öğleden sonraları da kayalıkları keşfediyoruz. Deniz kayaları nasıl da oymuş, ne ilginç şekiller oluşturmuş. Hele bir yer var, ona 'Kral Tahtı' adını taktık, çıkıp içine oturunca her yeri görebiliyorsunuz."

"Harabelere gittiniz mi?"

"Sadece kampın civarındakileri gezdik. Bir sürü kitap getirdim, onları okuyup öyle gezeceğim. Neyi gördüğünü bilerek dolaşmak daha anlamlı oluyor."

"Hafız, burada bile kitap mı? Yeter artık. Şerife, kızım, sen şuna söyle Tanrı aşkına."

"Cevat Amcacığım, Nilgün bavulunu açar açmaz, onu neden sınıfın kitaplık kolu seçtiklerini anlamakta güçlük çekmiyor insan. Görseniz neler getirmiş. Çukurova Efsaneleri, Eski Uygarlıklar, Mitoloji..."

"Hay ne diyeyim sana, Nilgün."

Nilgün kendini savunma gereğini duydu. "Ama dedeciğim,

herkesin merak duyduğu bir şeyi olmalı demez miydiniz siz? Bakın, Şerife de bir sürü kalem, fırça, kâğıt getirmiş. O da ilk günden resim yapmaya başladı. Benim merakım da okumak."

Defne atıldı. "Benim merakım da deniz kabukları."

Şükrü Amca bir kahkaha attı. "Yaa demek sen deniz kabukları topluyorsun."

"Evet Şükrü Amca, bir dolu deniz minaresi, deniz yıldızı, deniz kabukları topladım bile."

Anneanne konuştu. "Dün odada bir koku, bir koku. Nedir bu kötü kokan diye odanın aramadığım yerini bırakmadım. Meğer Defnoş'un kabuklarıymış, tabii hemen onları balkona çıkardık."

Çocuklar cıvıl cıvıl konuşmalarını sürdürürlerken bir ara Şükrü Amca'nın gözleri daldı, bir şeyler düşündüğü belli oluyordu.

"Hayrola Şükrü, daldın gittin."

"Yok bir şey, Cevat Bey."

"Var var söyle. Sen gülmedin mi mutlak bir şey vardır."

"Benim İstanbul'da, bir seyahat acentasında arkadaşım var. Dün telefon etti. Akdeniz kıyılarındaki tesisleri incelemek için bir Fransız dergisinin yazarları geliyorlarmış. Arkadaşım, 'Haberin olsun.' dedi. 'Çünkü onlar gittikleri yere kimliklerini açıklamadan herhangi bir müşteri gibi gider, bazen ayrılırken kimliklerini açıklarlar, bazense hiç açıklamazlar.'"

"Peki, ne var bunda?"

"Bu gazeteciler bir tesisi beğenirlerse o tesis köşeyi döndü demektir. Dergide bol resimli yazılar yazar, tesisi överler. Bunlar ayrıca oradaki turizm acentalarına da bilgi verirler. Böylece turlar düzenlenirken kalacakları yerler bu bilgiler doğrultusunda saptanır. Anlayacağınız, eğer buraya gelecek olan yazar burayı beğenirse, yeni kurduğumuz bu tesise turistleri gruplar halinde gönderirler ki bu da benim için bulunmaz bir nimet. Ama nerede bizde o şans."

"Niye öyle söylüyorsun?"

"Cevat Bey, onlar Avrupa'da öyle lüks, öyle güzel tesisler görüyorlar ki benimkini beğeneceklerini hiç sanmam. Benim burada verebileceğim sadece deniz, güneş ve temiz odalar."

"Canım, niye öyle söylüyorsun, pekâlâ da beğenirler."

Şükrü Amca gülümsedi, ama bu gülümseyiş zorakiydi. "Her neyse, başınızı kendi derdimle şişirmeyeyim. İzninizle, bir mutfağı dolaşayım bakayım, ne yaptılar," diyerek masadan kalktı.

Anneanne, "Adamcağız bayağı endişeli," dedi.

Dede başını sallayarak konuşmasına devam etti. "Ee, kolay mı ekmek parası kazanmak."

Bu sırada Nilgün sordu. "Dedeciğim, Şükrü Amca için gerçekten hiç umut yok mu?"

"Yavrum, belki var ama turist eğlence de ister. Diğer tesislerde sporlar, gösteriler, yarışmalar, eğlence programları var. İşte Şükrü'yü düşündüren de bu."

Yemekten sonra hep birlikte deniz kenarına yürüdüler. Kocaman, parlak bir ay, denizi ve tüm kamp alanını aydınlatıyordu. Deniz kenarındaki sıralardan birine oturdular.

Anneanne, "Burada ay sanki İstanbul'dakinden daha büyük ve daha parlak," dedi.

Defne az ilerdeki çocuk bahçesinde, salıncaklarda sallanıyordu.

Şerife, Nilgün'e, "Ayın güzelliğine bak. Ya denizdeki pırıltılara... Neredeyse denizden deniz kızları çıkıp şu kayalıklara oturacaklar. Tıpkı masallardaki gibi bir gece," diye fısıldadı.

Gerçekçi Nilgün ise arkadaşını, "Ben bir boy yüzebilmek isterdim," diye yanıtladı. Ardından, "Şerife," dedi. "Şükrü Amca'nın işi aklıma takıldı. Biz ona yardımcı olamaz mıyız?"

"Nasıl?"

"Ne bileyim nasıl? Ama düşünsek bir yol buluruz belki. Ne dediler sofrada, Şükrü Amca'nın tesisinin tek eksiği eğlenceymiş değil mi? Bu eğlenceleri biz düzenleyemez miyiz?"

"Ama Nilgün, nasıl beceririz bunu?"

"Önce bir dedeme danışırız, o bu tür yerleri çok iyi bilir. Sonra oturup yapabileceklerimizi, yapamayacaklarımızı saptarız. Tabii bütün bunlar sadece bir fikir şimdilik ama ya başarırsak düşün, Şükrü Amca'ya ne büyük bir iyilik yapmış oluruz."

Şerife düşünüyordu. Nilgün devam etti. "En önce şu var: Gelecek yazarı tanımıyoruz. Tamam mı?"

"Tamam."

"Öyleyse bundan böyle tüm müşterileri izleyip meçhul gazeteciyi bulmaya çalışalım, bu bir."

"İyi ama meçhul gazeteciyi bulsak bile bu sorunu çözmez ki. Bulup da baklava börek mi ikram edeceksin adam iyi yazı yazsın diye?"

Nilgün bir kahkaha attı. "Aman Şerife, tabii ki hayır, ama yazarı bilmek yine de işimize yarar."

O gece mehtapta dede ve iki arkadaş uzun uzun Şükrü Amca'ya nasıl yardımcı olabileceklerini tartıştılar.

6. BÖLÜM

DEFNE'NİN MACERALARI

Kampın çamaşırhanesinde hararetli bir tartışma sürüp gidiyordu. Çamaşırları yıkama sırası o gün Nilgün'deydi. Şerife ise ütü yapıyordu. Defne koşarak gelmiş, hararetli hararetli anlatıyordu. "Sonra Müzeyyen'e dedim ki..."

"Kim bu Müzeyyen?"

"Sarı bukleli, çok şeker bir kız. Yeni arkadaşım o benim. Birlikte kumda çok güzel kaleler yapıyor, kabuklarımızı paylaşıyoruz." Ve Defne kaldığı yerden devam etti. "Sonra Müzeyyen'e dedim ki: 'Müzeyyen yapma, ayıp.' Ama o beni dinlemedi ve ağladı. Bunun üzerine oturup beraberce o adama mektup yazdık, daha doğrusu Müzeyyen söyledi, Müzeyyen yazdı, ben de dinledim. Müzeyyen çok bilgili, bu yıl orta bire geçmiş."

"Defne Baran, yoksa oturup tanımadığınız bir adama mektup yazdığınızı mı söylemek istiyorsun, o sarı bukleli, sivri akıllı arkadaşınla?"

"Ne bağırıyorsun, Nilgün? Pekâlâ da tanıyoruz. İki oda ilerimizdeki odada kalıyorlar."

Nilgün çaresizlik içinde ellerini salladı. "Kızım, burada her kalan insanın yüzünü bilmek, o kişiyi tanımak demek değildir."

"Öf aman sen de, kötü bir şey yapmışım gibi beni azarlayıp duruyorsun. Bir daha sana hiçbir şey anlatmayacağım." Defne'nin alt dudağı titremeye başlamıştı.

Şerife ütünün fişini çektikten sonra, "Defne haklı ablası," dedi. "İzin ver de olayın tümünü anlatsın. Haydi canım anlat, seni dinliyoruz." Şerife'nin yumuşak sesi ve bakışlarından cesaret alan Defne, anlatmaya devam etti.

"Müzeyyen çok ısrar etti, ben de üzülmesin diye hayır diyemedim. Biz onunla çok iyi iki arkadaşız, arkadaşlar birbirlerinin dediklerini yaparlar değil mi? Neyse, mektubu yazdı, mektubu yazması epeyce uzun sürdü, ağır ağır yazıyordu, beklerken azıcık sıkıldım ama Müzeyyen'e belli etmedim. Sonra bana dedi ki: 'Al bu mektubu, kapılarının altından at.' Ben de mektubu onların kapısının altından atıverdim ama çok korktuğum için hemen koşup buraya, sizin yanınıza geldim."

Şerife sordu. "Peki Müzeyyen şimdi nerede?"

"Nerede olacak, onların kapısının önünde, kulağını kapıya yapıştırmış, ne konuşuyorlar diye dinliyordur."

İki arkadaş bu garip serüveni hayretle dinliyorlardı.

"Peki o mektupta neler yazılıydı?" Bunu soran Nilgün, kardeşinden alacağı yanıttan korkarcasına Defne'ye bakıyordu.

Defne'nin gözleri parladı. "Çok müthiş bir mektuptu. Şöyle: 'Sayın Bayım, sizi televizyondaki çikolata reklamındaki adama çok benzetiyorum, çok da yakışıklısınız. Hanımınız da çok güzel. Hele çocuklarınıza herkes bayılıyor, ben de onları çok seviyorum. Bir hayranınız.' Nasıl, müthiş değil mi?"

Nilgün derin bir soluk aldı. "Neyse, garip ama daha da kötü olabilirdi."

Defne, "Gördün mü, kötü bir şey yapmamışız, sen de hemen kızarsın. Zaten o mektubu kapının altından atarken çok korkmuştum, bir de sen bağırıyorsun," diye sızlandı.

"Defneciğim, bu kez ucuz atlatmışsın ama bir daha sakın kimsenin mektubunu, tanımadığın kimselere vermeye kalkma."

Tam bu sırada sarı bukleli bir kız hem koşuyor hem de soluk soluğa bağırıyordu. "Defne! Defne!"

Şerife, "Defneciğim, senin mektupçu geliyor," dedi ve hep birlikte çamaşırlıktan çıktılar.

Müzeyyen telaşla onlara yaklaştı. "Mektubumu okudular, mektubumu okudular," dedi, neredeyse tıkanacaktı, yanakları al aldı.

"Nereden biliyorsun okuduklarını?"

"Kapılarını dinledim."

Şerife'yle Nilgün yine bakıştılar.

"Eee sonra?" Defne'yle arkadaşı, iki ablayı tümüyle unutmuş gibi birbirleriyle konuşuyorlardı.

"Herhalde mektubumuzu beğendiler ki gülüştüklerini duydum. Ayy ne güzel değil mi?" İki küçük kız büyük bir iş başarmışçasına keyifliydiler, kıkırdaşıp duruyorlardı.

Nilgün, "Ama bu yaptıklarınız hiç doğru değil, çocuklar. Hele de kapı dinlemek," dedi kaşlarını çatarak.

"Ama çok eğlendik, Nilgün abla, macera oldu," dedi Müzeyyen şaşırarak.

"Kapıyı dinlerken yakalansaydınız tam macera olurdu. Bir daha böyle saçmalıklar yapmayın e mi çocuklar?" İki küçük somurtarak el ele verip oyun bahçesinin yolunu tuttular. Yol boyu büyüklerin de hep küçüklerin keyfini kaçırdıklarından söz ediyorlardı. Nilgün'le Şerife de küçükler gittikten sonra ciddiyeti bırakıp onların macerasına gönüllerince güldüler.

Uzun uzun yüzdükten sonra Nilgün kocaman bir plaj havlusunun üzerine kendini attı ama bunu yaparken güneşte uyuyakalmış olan Şerife'yi elleriyle ıslatmaktan da geri kalmadı. Şerife feryadı bastı. "Nilgün!"

Nilgün, "Oh, gel keyfim gel, ben orada dalgalarla boğuşayım, sen burada tatlı tatlı uyu," dedi. Gerçekten de küçük radyolarından gelen müzik sesine dalgaların hışırtısı da katılınca Şerife uyuyakalmıştı. Nilgün kocaman sepetten bir sandviç çıkarıp iştahla yemeye başladı.

"Şu ilerdeki karavana bak, Şerife."

Şerife yattığı yerden doğrularak arkadaşının gösterdiği karavana baktı. Deniz kenarındaki çimenlerin üzerindeydi karavan, önünde yaşlı bir çift oturuyordu. Uzun boylu, atletik yapılı adamın bembeyaz sakalı yanık teniyle güzel bir çelişki oluşturuyordu. Gözünde kalın camlı gözlükler, bacaklarını karşısındaki bir kaya parçasına dayamış, gazete okuyordu.

"Bu adam mutlaka sanatçıdır."

"Nereden bildin, Nilgün?"

"Bilmem, sakalı mı, gözlükleri mi, yoksa şortu ve sandallarının içindeki rahatlığı mı bilemiyorum ama bana bu izlenimi verdi."

"Ya karısı! O yaşa göre ne kadar da dinç ve ne güzel yüzüyor."

"Umarım yaşlanınca biz de onlar gibi sağlıklı ve dinç oluruz." Nilgün'ün ikinci sandviçe uzandığını görüp imrenen Şerife de bir sandviç aldı, birer şişe de meyve suyu açıp konuşmalarını sürdürdüler.

"Bak Şerifeciğim, ne diyeceğim. Müşterileri bugünden başlayarak izlemeye koyulalım, ne dersin?"

"Meçhul gazeteci için mi?"

"Evet, hem ona 'Kamptaki Casus' desek daha doğru olur bence."

"İlahi Nilgün, çocuk gibisin."

"Ama ben bir şeyler yapmadan duramam. Şimdi kararlarımızı bir gözden geçirelim. Bir, Şükrü Amca'ya yardıma karar verdik, değil mi?"

"Evet."

"İki, nasıl yapacağımızı aşağı yukarı kararlaştırdık, yani neyin eksik olduğu üzerinde anlaştık. Bu da tamam mı?"

"Tamam."

"Kalıyor Kamptaki Casus... Onun kim olduğunu bilmek belki yarar sağlamayacak ama zararı yok. Hem neden onu tanımayacakmışız? O hepimizi, buraları inceliyor, biz de hiç olmazsa onu bilelim. Tamam mı?"

"Tamam zehir hafiye, tamam."

"Şimdi Şerife kardeş, bu kampa dün gelen sakallı genç adamla karısını izleme görevi senin."

"Ben öyle birilerini bilmiyorum bile."

"Tabii bilmezsin ama benim çok kuvvetli bir ajanım var. O bana her gelen gideni bildirir, araştırmasını da yapar. Örneğin, şu karavanın önünde oturanlardan adamın 70, kadının da 62 yaşında olduğunu, milliyetlerinin Fransız, çocuklarının da tam altı tane olduğunu biliyor muydun?"

"Ay Nilgün, ne zaman, nereden öğrendin bunları?"

"Seni gözetlemekle görevlendirdiğim çiftin dün geldiğini, çok güzel yelken kullandıklarını, adamın o çirkin sakallarına karşın -sakalı çirkin bulan ben değilim, ajanım sakallılardan hoşlanmıyor, kendi deyişiyle temiz pak adamlardan hoşlanıyor, çok güzel daldığını, deniz dibinde araştırmalar yaptığını ve İsviçreli olduklarını biliyor muydun?"

"Nilgün!"

"Dur dur, daha bitmedi. Hortlak'ı hiç sormuyorsun?"

"Sahi, kaç gündür yok ortalarda."

"Yeni bir derdi varmış. Yediği yemekten olsa gerek, tam güneş yanıkları iyileşmeye yüz tutmuşken bu kez de midesini bozmuş. Kadıncağızın hiç şansı yok, feci bir mide bozukluğu, tuvaletten çıkamıyormuş, geri kalan zamanı da odasında lapa yiyerek geçiriyormuş. Hali perişanmış. Ajanım, 'Her önüne gelen yerden yiyecek alır da yerse, sonu budur,' diyor."

"Nilgün, beni meraktan deli mi etmek istiyorsun, kimden öğrendin bunları?"

"Kimden olacak. Esma Fazıla Teyze'den."

"Hay Allah, nasıl da tahmin edemedim. Ama bütün bunları ne zaman konuşuyorsunuz?"

"Her mutfağa gidişte, her bulaşık yıkayışta, çünkü Esma Fazıla Teyze mutfağın direği."

"Hiç denize girmiyor mu?"

"Bunu ben de sordum da bana dedi ki: 'Yavrucuğum, ben denize girersem, deniz taşar.' O tüm vaktini sevgili torunlarına enfes dolmalar, börekler, tatlılar yapmakla, bu arada da kampta olup bitenleri pürdikkat izlemekle geçiriyor."

"Ne şanslı torunları var. Demek şimdi, görevim sakallı bir adamla karısını gözlemek."

"Evet, ben de yine yeni gelen asık suratlı iki kadını izleyeceğim. Karavanlarının penceresinden yığınla kitap gördüm, belki de aradığımız onlardır."

"Biz bir erkek casus arıyoruz sanmıştım."

"Canım, kadın casus da olamaz mı? Her olasılığı düşünmeliyiz."

"Ay Nilgün, bu işi ne kadar da ciddiye alıyorsun."

Tam o sırada Defne'nin sesi duyuldu. "Nilgün, Nilgün, Şerife Abla, bakın, bakın yüzüyorum."

"Bana Nilgün diyor da sana Şerife Abla diyor, bak buna bozuluyorum."

Şerife, "Ne yapalım, demek ki sen kendini saydıramamışsın," deyip gülünce Nilgün havlusunu ona savurdu, kalkıp Defne'yi izlemeye gittiler.

Çocukların havuzu doğal kayalıkların çevrelediği büyükçe bir dairenin ortasındaydı. Her boyda küçük çocuk oynuyor, gülüyor, ağlıyor, yüzmeye çabalıyordu. Defne deniz tehlikelerine karşı tüm önlemlerini almış, hem can simidini hem de kolluklarını takmıştı. Nilgün onu böyle görünce uzun uzun güldükten sonra, "Defne, canın amma da tatlıymış, ya can simidini çıkar ya kolluklarını," dediyse de Defne'yi inandıramadı.

"İkisini de çıkarmam."

"Ama gereksiz bu."

"Hayır, hiç de gereksiz değil, can simidim patlarsa kolluklarım beni su üstünde tutar, kolluklarıma bir şey olursa can simidime sarılırım."

"Pekâlâ pekâlâ, haydi yüz de görelim."

"Bak, şimdi dalacağım."

Defne yüzünü suyun içinde tuttu, oysa tüm vücudu suyun dışındaydı, azıcık çırpındı, soluksuz kalınca başını kaldırdı. "Ne güzel yüzüyorum su altında, değil mi?"

İki arkadaş hararetle Defne'yi alkışladılar.

7. BÖLÜM

ÇİZELGE HAZIRLANIYOR

O gün akşam çayını kampın ucundaki ağaçların altında içmeye karar vermişlerdi. Yüksek otların arasında tembel tembel çay içmek çok keyifliydi doğrusu. Nilgün sırt üstü yatmış, ilerleyen bir dizi bulutu seyrediyordu. Eline aldığı bir otu çiğnerken konuştu. "Artık programı uygulamamız gerek."

Şerife sırtını keçiboynuzu ağacına dayamış, kucağındaki bloknota minicik bir kır çiçeğinin resmini çiziyordu, o sırada bir kuş öttü.

"Bak Nilgün, dinle, bu Arap bülbülü denen bir kuştur, kendi pek çirkindir ama sesi işte böyle güzeldir."

İkisi de susup kuşu dinlemeye koyulmuşlardı ki "Şerife Şerife!" diyerek birilerinin onlara doğru koştuğunu gördüler. Şerife elindeki kâğıdı bırakıp ayağa fırladı.

"Elvan, İrem, Emre. Nereden çıktınız, çocuklar?"

"Gazoz kapağından," dedi Emre gözleri ışıl ışıl.

Soluk soluğa yanlarına gelen çocuklarla Şerife sarılıp öpüştü. Onlar bir yandan da birbirlerinin sözünü keserek anlatıyorlardı. "Kapıda seni sorduk, çadırın yerini tarif ettiler, orada da bulamayınca sora sora burada olduğunuzu şişman bir hanımdan öğrendik."

"Esma Fazıla Teyze," dedi iki kız aynı anda.

Emre, "Çok tombik ama çok da öfkeli bir hanım," dedi.

"Ne o, yoksa seni azarladı mı?"

"Evet, bir kez söze başlarken özür dilememişim, sonra da teşekkür etmeyi unutmuşum."

Şerife çok mutluydu, tüm sevdiği arkadaşları bir araya gelmişti. "Sizleri tanıştırayım. İstanbullu arkadaşım Nilgün, hani mektuplaşarak dost olmuştuk, bunlar da sınıfın ikizleri Elvan'la İrem... ve Emre." Çocuklar birbirlerine gülümsediler.

Emre atıldı. "Evet, şu meşhur Nilgün."

Şerife, "Çocuklar ne diye ayakta duruyoruz!" dedi. "Herkes otların arasında kendine bir yer bulsun, ben de bir koşu gidip birkaç bardak daha getireyim."

Şerife'nin gidişinden sonra bir anlık sessizlik oldu. Bu sessizliği Elvan bozdu. "Bir mektuplaşmadan böylesi bir dostluk doğacağını doğrusu hiçbirimiz ummuyorduk, o yüzden de Şerife'ye epeyce takılmıştık, çünkü daha ilk günden o, dost olacağınızdan emindi."

"Şerife gibi bir arkadaşım olduğu için çok mutluyum."

"Ee anlat bakalım, Nilgün, hangi okula gidiyorsun?" Alnına dökülen sarı perçemleri ve yerinde duramaz hâliyle Emre pek sevimliydi. Nilgün ona bakarken gülmekten kendini alamadı.

Elvan ona çıkıştı. "Emre! İnsan hemen sorguya çekilir mi?"

"İyi ama başka türlü birbirimizi nasıl tanıyacağız?"

Nilgün bir yandan gülüp bir yandan konuşmaya başladı. "Haklısın Emre, başlıyorum. Öhöm... Galatasaray Lisesi'nde bu yıl ortaokulu bitirdim ve lise bire geçtim. Ya sen?"

"Ben de Atatürk Lisesi'nde lise birden ikiye daha geçemedim. Toto gibi bir karne getirince evde kıyametler koptu, annem krizler geçirdi, zaten her aldığım kırık notta annem bir kriz geçirir, kadıncağız bugüne kadar nasıl sağ çıktı şaşıyorum." Bunları söylerken Emre, Nilgün'ün karşısına geçip bağdaş kurarak oturmuştu.

İrem, "Üzülme Emre, büyük adamlar hep sınıfta kalırlarmış," dedi.

"Ben de öyle diyorum, ben büyük adam olacağım diyorum ama gel de bunu evdekilere anlat. Oysa niyetim iyi, hem de çok çok iyi. İlk derse hep dersi dinleyeceğim diye giriyorum, sonra içime bir sıkıntı çöküyor, dalıp gidiyorum. Ödevlere gelince, işlerden ödevlere bir türlü vakit kalmıyor ki..."

"Ne iş yapıyorsun?"

Nilgün'ün bu sorusuna Elvan'la İrem kahkahalarla güldüler. Emre ise gayet sakin anlatıyordu. "Bir kez futbol antrenmanlarım var, sonra basketbol da oynuyorum, yüzmeden hiç geri kalamam. Bir de müzik dinleyip arkadaşlarla ilgilenmek var. Göz açıp kapayana dek akşam oluyor." Sonra ciddileşerek ekledi. "Ama bu kez kararlıyım, derslere çok sıkı çalışmam gerek, yoksa bu işin şakaya gelir tarafı kalmadı."

"Başarılar, Emre. Elvan, sen hangi okula gidiyorsun?"

İkizler öylesine birbirlerine benziyorlardı ki Nilgün bir an, onları nasıl ayırt edebileceğini düşündü. İkisi de kumral, incecik kızlardı. Alınlarına düşen perçemlerinden kırmızı şort ve kırmızılı beyazlı tişörtlerine, ayaklarındaki sandaletlere dek her şeyleri aynıydı. Elvan daha bir heyecanlı, çabuk çabuk konuşurken İrem daha sakin, daha sessizdi. İşte aralarındaki tüm fark buydu.

"Kardeşim ve ben Toros Koleji'ndeyiz, Şerife'yle aynı sınıfta."

Bu sırada Şerife de gelmiş, arkadaşlarına çay koyuyordu. "Kampta çok kalacak mısınız, çocuklar? Kampa geleceğinizden hiç söz etmemiştiniz."

"Emre'nin annesiyle babası, bizimkilerle konuşup yaz tatilini burada geçirmeye karar vermişler. Biz de senin burada olacağını biliyoruz ya fırsatı kaçırmayıp bir ısrar ettik bir ısrar ettik ki işte gördüğünüz gibi tam kadro buradayız," dedi İrem.

"Ne kadar güzel, hep birlikte olacağız."

Bir hışırtı duyuldu, ilerde genç bir delikanlı yürüyordu. Şerife, "Aa, Mert bu," deyince Nilgün sırtını döndü. "Nilgün, ne diye surat ediyorsun, yeter artık, geçmiş gitmiş."

"Hayır efendim, ne geçmiş ne de gitmiş, üstelik arkamdan konuşmuş. 'Cevat Bey'in torunu bana bağırdı,' demiş."

"Yalan mı?"

"Değil ama o anda ne kadar korkmuş ve kızmıştım. Bizim odadan ayrılırken benden başka herkese Allaha ısmarladık dedi. Ben ona bağırdıysam, o da bana kabalık etti."

Bu sözler üzerine oturduğu yerden ayağa fırlayan Emre, yumruklarını sıkıp karşısında biri varmış gibi sağa sola sıçrayarak, "Hemen gidip suratını dağıtayım şunun, tutmayın beni, tutmayın beni," diye bağırmaya başlayınca Nilgün'ün asık suratı değişiverdi ve kendini tutamayıp güldü.

Emre, "Eh güldüğüne göre artık dövüşmek için bir neden kalmadı. Laf aramızda, durup dururken dayak yemek istemem," dedikten sonra yeniden yere kendini pat diye atıp bağdaş kurdu.

Elvan, "Çocuklar, buraya geleli beri neler yapıyorsunuz, anlatsanıza," dedi.

Nilgün, Mert'e olan kızgınlığını unutarak konuşmaya başladı. "Büyük ve zorlu bir proje peşindeyiz, siz geldiğinizde de çizelgemizi hazırlıyorduk."

Elvan, "Ayy bayılırım büyük ve zorlu projelere, haydi anlatsanıza," dedi sabırsızlıkla. Şerife'yle Nilgün de Şükrü Amca'nın sorununu ve ona yardım etmeyi kararlaştırdıklarını anlattılar. Ötekiler bu işe bayılmışlardı.

"Biz de yardım edebilir miyiz?"

"Tabii, birlikten güç doğarmış, hem böyle daha eğlenceli olur."

Emre, "Casus işi bana ait olsun, o yazarı şıp diye bulurum; haydi şimdi bana kamptaki ilginç kişileri sıralayın bakayım," deyince yine Nilgün'le Şerife kampta ilginç buldukları kişileri taklitleriyle anlattılar. 'Hortlak'ı da anlatıp tamamladıklarında hep birlikte gülmekten katılıyorlardı.

Emre lafa karıştı. "Hanımlar, lütfen sakin olunuz, sakin olunuz, kendinizi dağıttınız yine. Böyle çalışma olur mu? Anlaşılan bu işi yine kendi yeteneklerimle çözmek zorunda kalacağım."

Elvan sordu. "Faaliyetler hakkında neler düşündünüz?"

Şerife açıkladı. "Nilgün'ün dedesinin anlattığına göre diğer tesislerde spor ve çeşitli eğlenceler varmış, onların benzerlerini uygulayabiliriz diye düşündük."

Elvan, "Çocuklar, bence şimdi birimiz eline kâğıt kalemi alsın ve konuşacaklarımızı not etsin," diye önerdi.

Nilgün, "O zaman al kalemi eline Elvan ve yaz, sporlar, iki nokta..." dedi.

İrem atıldı. "Tenis, su kayağı, ok atma gibi sporların burada uygulanması olanaksız. Ne tenis kortu var ne de su kayağı yapacak motor."

Nilgün, "Haklısın İrem," dedi. "Onları yapmayız ama sabahları saat dokuzla on arasında, çimenlikte ağaçların gölgesinde cimnastik yaptırabiliriz, ne araç ister ne gereç."

İrem şaşkınlıkla konuştu. "Biz mi yaptıracağız?"

Nilgün, "Neden olmasın?" dedi. "Okulda öğrendiklerimizi uygulasan yeter, amaç vücudu çalıştırmak değil mi?"

Elvan merakla sordu. "Bu iyi, sonra?"

Şerife, söze karıştı. "Sonra havuzda küçüklere yüzme dersi verilsin. Ben yüzmeyi çok geç öğrendiğim için herkes bunu erkenden öğrensin istiyorum."

Nilgün arkadaşına sevgiyle gülümsedi. "Fakat derslerde mutlaka iki kişi bulunmalıyız, ne olur ne olmaz. Gerçi usta değiliz ama hiç yoktan iyidir, bize öğretildiği gibi biz de onlara öğretiriz."

Elvan, "Yazıyorum, saat onla on bir arası bebelere yüzme dersi," dedi.

Emre esnedi. "Buraya kadar beni ilgilendiren bir şey yok, biraz da futbol filan koysanıza."

Nilgün, "Onu biz de düşündük," dedi. "Hatta sadece futbol değil, voleybol, pinpon da istiyoruz ama bu konuyu önce Şükrü Amca'yla görüşmek gerek. Voleybol için net, pinpon için masa gerek, tabii futbolu da oynayacak yer."

"Güzel. Pinpon, voleybol, futbol yazıyorum. Öğleden sonraları olacak diye yazıp yanına bir soru işareti koyacağım. Soru işaretini Şükrü Amca'yla konuştuktan sonra sileriz. Başka?"

Herkes düşünüyordu. Şerife, "Şöyle masrafsız, bizim yapabileceğimiz bir şeyler..." diye mırıldanırken birden bağırdı. "Buldum, buldum. Civarımız harabe dolu, oralara gezi düzenleriz. Kampın çok yakınında Cennet Cehennem var, Kanlı Divane var, Narlıkuyu var, o yerlerin efsanelerini çocukluğum boyu dinledim, turistlere anlatabilirim."

"Aslan Şerife, çok güzel buldun bunu. Turistik gezi." Emre, Şerife'yi alkışlarken Elvan harıl harıl kâğıda notlar alıyordu.

Birilerinin güldüğünü duydular. Öylesine dalmışlardı ki yaklaşan yaşlı Fransız çiftin farkına bile varmamışlardı. Karı koca günlük akşam yürüyüşüne çıkmışlar, çocukları görünce onlara yaklaşmışlardı. Şerife hemen ayağa fırlayıp onlara çay ikram etmek istedi, aksi gibi çay da buz gibi olmuştu. Yaşlı adam Şerife'nin sıkıntısını anlayınca Fransızca bir şeyler söyledi. Hepsi çaresizlik içinde birbirine bakarken, Nilgün gururla, "'Üzülmeyin, ben soğuk çayı severim,' diyor," deyince hemen iki temiz bardak bulunarak bulaşık suyuna dönmüş çaydan ikram edildi. Yaşlı çift gülümseyerek otların üzerine oturdular, çaya teşekkür ettiler. Kadın otların üzerinde duran bloknotu aldı, az önce Şerife'nin kır çiçeği çizmiş olduğu sayfaya bakarak yine bir şeyler söyledi. Nilgün çeviriyi sürdürdü. "Şerife, resmin çok beğenildi." Kadın bu kez eğilmiş, Elvan'ın elindeki kâğıda bakıyordu, resim yerine yazılar görünce gülerek geri çekildi. Nilgün biraz da arkadaşlarına böbürlenmek arzusuyla kamp için bir program hazırladıklarını pek de fena sayılmayacak Fransızcasıyla anlatmaya başladı, karı koca ilgiyle onu dinliyordu.

Harabelerin ardında güneş her yeri yaldızlayarak yavaş yavaş batıyor, çocuklar yeni projenin heyecanıyla dopdolu, aralarında tartışıyor, tartışıyorlardı.

8. BÖLÜM

AKSİLİKLERLE DOLU BİR GÜN

Büyük ağaçların gölgelendirdiği çimenlikte çepeçevre oturan çocukların pek de keyifli oldukları söylenemezdi. O sabah ilk cimnastik dersleri hiç de umdukları gibi geçmemişti, oysa önlerine gelene cimnastik saati başlattıklarını söylemişlerdi.

İrem, "Canım, o kadar da üzülmeyin, pekâlâ gelenler oldu," dedi.

Nilgün burun kıvırdı. "Evet ama her nedense gelenler sadece bizler ve yakınlarımızdı. Ya kampın öbür müşterileri? Onlar niye gelmediler? Turist spor istermiş... Güleyim bari!"

İrem, "Belki de yeterince duyuramadık," diyecek oldu.

Nilgün aksi aksi söylendi. "Ramazan davulu mu çalmak gerekti?"

Şerife, "Canım niye bu kadar üzülüyorsun? Bu daha ilk deneme. Hem bizim dışımızda gelenler de vardı. Örneğin, Esma Fazıla Teyze'yle o genç kız," derken kendini tutamayıp güldü.

Emre sordu. "Surat edeceğinize neler olup bittiğini baştan anlatsanıza. Biliyorsunuz, o sıralarda ben görev başındaydım."

Bu sözleri şişinerek söyleyen Emre'ye Elvan, "Evet, biliyorum. Ayrıca senin görevinin nasıl sona erdiğini de biliyoruz," deyince bu kez de Emre'nin suratı asılıverdi.

Nilgün meraklandı. "Emre'ye ne oldu ki?"

Elvan, "Dersin sonlarına doğruydu," diye anlattı. "Bir baktım temizlik işçisi Göçmen Dayı, Emre'yi kulağından tutmuş hem azarlıyor hem tartaklıyor."

Nilgün, "Bak bunu hiç fark etmedim," dedikten sonra kendi kendine mırıldandı. "Hoş o curcunada nasıl edebilirdim ki..." Sonra sordu. "Peki ama niye? Göçmen Dayı dünyanın en tatlı insanıdır."

Emre kızgın kızgın, "Sen onu bir de bana sor," dedi. "Cahil adam, ne olacak! Ne yaptığımı sormaya bile gerek görmeden kulağıma yapıştığı gibi beni tuvaletlerden kapı dışarı etti."

"İşte ben de bunu soruyorum, niye seni kapı dışarı etti?"

"Görevimi yapıyordum da ondan. Casuslama işiyle ben görevli değil miyim? Görevliyim. Kendi yöntemlerimle insanları izliyorum. Tuvaletlerde de bunu yapıyordum."

"Ne? Emre, tuvaletlerde adamları mı gözetliyordun?"

"Aman Tanrım, darılmayın ama sizin de Göçmen Dayı'dan geri kalır yanınız yok. Filmlerde, televizyonda kaç kez izlemişimdir, önemli kâğıtların, notların, mesajların tuvalette yazıldığını, sonra bulunması istenmeyen kâğıtların yırtılıp yırtılıp tuvalete atılarak sifonun çekildiğini..."

"Bana bu işi biraz abartıyorsun gibi geliyor. Bu televizyonda olur da, bizim aradığımız yazar yazısını niye yırtıp yırtıp tuvalete atsın ve de sifonu çeksin?"

"Öff, öff, bizimki illa yırtıp atacak demiyorum ama belki bir şey yazar, yazarken kimse onun yazar olduğunu anlamasın diye oturup tuvalette not alabilir, diye düşündüm. Bugün de tuvaletleri izleyeyim dedim. Hani bazıları da epeyce uzun kalıyor içerde." Kendini savunayım derken Emre soluk soluğa kalmıştı, gözleri ışıl ışıldı, derin bir nefes alıp sözüne devam etti. "İşte ben oralarda dolaşıp kâğıt hışırtısı var mı diye bekliyordum ki Göçmen Dayı hışımla içeri girdi ve bar bar bağırmaya başladı. 'Ne yapıyorsun bakayım sen buralarda dolanıp? Ayıp değil mi?' Sonra da bana hiçbir şey sormadan kulağımdan tuttuğu gibi kapı dışarı etti. Oysa tüm yaptığım, bir şeyler yazıldığını gösterecek kâğıt hışırtıları var mı diye kulak kabartmaktı."

Emre'nin üzgün bir yüzle anlattığı bu öykü, ilk başarısızlıktan keyfi kaçmış çocukların yüzünü güldürmüş, az önceki üzüntü yerini kahkahalara bırakmıştı. Onları duymamışçasına asık suratla oturan Emre de sonunda dayanamayıp arkadaşlarının kıkırdaşmalarına katıldı. Sonra sordu. "Bu benim fiyaskom, siz de sizinkini anlatın bakalım. Derste neler oldu?"

Nilgün, "Neler olmadı neler..." diye içini çekip anlatmaya koyuldu. "Bizim yakınlarımız, yani anneler babalar tam kadro geldiler, hatta kardeşlerimiz bile geldi, hoş o da ayrı bir konu ya... Neyse, onların dışında da birkaç kişi vardı. Örneğin, vefalı Esma Fazıla Teyze. Belli ki bizi yüreklendirmek için gelmişti. Tanımadığımız bir kız, bir iki kişi daha. Derse başladık, önce gevşeme, gerinme hareketleri yaptırdık, her şey yolunda gidiyordu. Derken bacak hareketlerine geldik. Esma Fazıla Teyze şişman kadın, tabii ki bu hareketleri güçlükle yapıyor, bizler ciddiyetle işi sürdürürken o kız gülmeye başlamasın mı? Hem de Esma Fazıla Teyze'ye bakıp bakıp gülüyor. Derken herkes yere yattı, yerde bacaklar havada makas hareketi yaparken kız neredeyse katılacak. Hani Esma Fazıla Teyze'nin hali gerçekten görülecek şey ama açıktan açığa gülmek de ayıp. Biz de bir yandan gülmemeye, bir yandan da o kızı duymamaya çalışırken Defne Hanım, yanına Müzeyyen'ini takmış geldi. 'İlla biz de katılacağız,' der. Sadece ikisi olsa yine iyi, Müzeyyen'in küçük kardeşi Tuba'yı da almışlar. Öyle şamata yaptılar ki iş büyümesin diye peki demek zorunda kaldım. Ama hareketleri beceremeyince kıkırdaşıp gülüşüyorlar. Derken Müzeyyen'in küçük kardeşi yerde yuvarlanmaya başlamaz mı... Hem yuvarlanıyor hem kahkahalar atıyor. 'Kalk.' diyorum, sözden anlayacak yaşta değil, olsa olsa iki yaşında, yuvarlanıyor da yuvarlanıyor. Bu yetmezmiş gibi nereden çıktı bilmem, havlaya havlaya bir köpek bize doğru geldi. Her havaya kalkan bacağa havlar... Çocuklar bu kez korkudan çığlıklar atmaya başladılar, minik Tuba avaz avaz ağlar. Tabii dersin tüm ciddiyeti bozuldu. Ben Tuba'yı susturmaya çalışırken Elvan köpeği kovaladı. İrem ise Defne'yle Müzeyyen'i, Tuba'yı da alıp gitmeleri için ikna etmeye çalışıyordu boşu boşuna. Zorunlu olarak verdiğimiz bu aradan yararlanan Esma Fazıla Teyze de kendine gülen kızı yakalamış, azarlıyordu. 'Müslümanlığın şartı beştir, altıncısı da haddini bilmektir. Sen kim oluyorsun da bana gülüyorsun? Utanmıyor musun ninen yaşında kadına gülmeye? Haddini bil, haddini. Yaşlıyım, şişmanım diye cimnastik yapmaya hakkım yok mu?' Daha neler de neler. İşte bu şahane ders ve bir de senin Göçmen Dayı tarafından azarlanarak tuvaletlerden kapı dışarı edilmenle bugünkü başarımız noktalandı."

Elvan, "Bugün nedense işlerimiz hep ters gitti," dedi.

Nilgün, "Sorma, ne gün, ne gün... Moral sıfırın altında," diye durumu özetledi.

Şerife, "Haydi bakalım, öyle çabucak pes etmek yok, yarın daha iyisini yapacağız," diyerek arkadaşlarını yüreklendirme görevini üstlendi.

O gece, çocukların kendi deyişleriyle sıfırın altında olan morallerini, yemekten sonra masalarına gönderilen bir sepet meyve ve içindeki kart epeyce yükseltti. Meyveler ve kart, yaşlı Fransız karı kocadan geliyordu. Nilgün heyecanla kartı okudu, sonra masadakilere tercüme etti. "Cimnastik dersini kutlarız, çok başarılıydınız. Devamını bekliyoruz. Sevgiler."

Nilgün başını kaldırıp etrafına bakındı, lokantanın öbür ucundan kendilerine gülümseyen beyaz sakallı yüzü görünce gözleri buğulandı, çok duygulanmıştı. Cesur görünmeye çalışarak onlara el salladı.

İlk deneme başarısız olmuştu ama onları seven, destekleyenler vardı ya, önemli olan da buydu.

9. BÖLÜM

KÜÇÜK BİR KISKANÇLIK OLAYI

O başarısız günden sonra işler yavaş yavaş düzelmiş, cimnastik dersine gelenlerin sayısı epeyce artmıştı. Bunun nedenini araştıran çocuklar Mert'in, sabahları cimnastik yapıldığını, yerini ve saatini belirleyen bir bildiriyi çeşitli dillerde yazarak danışmanın duvarına astığını öğrendiler. Bu da onların Mert'i büsbütün sevmelerine neden oldu. Nilgün bile artık Mert'in davranışlarına alınmaktan vazgeçmişti.

Emre, Mert'e teşekkür ederek onu aralarına davet etmiş, Mert ise her zamanki gibi teşekkür ederek, "İşim var, danışmadan ayrılamam," diyerek uzak kalmayı yeğlemişti.

Sıcak bir öğle sonrasıydı. Nilgün, Elvan ve İrem kayalıkların üzerinde sıçraya sıçraya dolaşıyorlardı. Sonunda "Kral Tahtı" diye adlandırdıkları irice oyuğun içine girip oturdular. Dalgaların oyduğu kayalar ilginç şekiller oluşturuyordu, az ilerdeki bir kaya parçası denizden fışkıran dev bir mantarı andırıyordu. Masmavi dalgalar kayalara vuruyor, sonra bembeyaz köpüklere dönüşerek geri çekiliyordu. Çocuklar bir süre kayalarla dalgaları izlediler konuşmadan.

"İnsan bu kayalıklardan gözünü alamıyor, değil mi İrem?"

"Evet, haklısın, Elvan. Masaya benzeyeni var, dev bir ayağa benzeyeni var, çiçeğe benzeyeni bile var."

Nilgün iki kardeşi daldıkları kayalar âleminden, "Çocuklar, hazır buradayız, şu piknik işini de kararlaştırsak," diyerek ayırdı. "Dersler yoluna girdi, epeyce katılan var, Esma Fazıla Teyze de sağ olsun, büyük bir sabırla devam ediyor."

"Sırf bizleri yüreklendirmek için."

"Bilmez olur muyum? Sahi çocuklar, Esma Fazıla Teyze'nin torunlarıyla tanıştığımı anlattım mı size?"

"Yoo!" dedi ikizler bir ağızdan.

"Öyleyse kulaklarınızı açın ve dinleyin. Son dersten bir öncekiydi. Esma Fazıla Teyze'ye şöyle dedim: 'Esma Fazıla Teyzeciğim, torunlarınızı da derslerimize getirsenize.' Şöyle bir düşündükten sonra, 'Onlar azıcık tembeldirler ama dur bakayım, ben söylersem canım torunlarım belki gelirler,' dedi. Sonra bu sabah baktım, Esma Fazıla Teyze yine derste ama etrafında ufak çocuk filan yok... Torunlarını da o güne dek rastlamamış olduğumdan tanımıyorum. Yanına giderek, 'Sanırım sizin minikler yine uyuyakaldılar, teyzeciğim, bu sabah da yalnızsınız,' deyince gururla başını dikti ve 'Ne münasebet çocuk, benim torunlarım beni kırmazlar, hepsi de buradalar işte,' diyerek yan tarafını işaret ettiğinde bir de ne göreyim? Ben minik minik çocuklar beklerken üç tane kara yağız, bıyıklı, uzun boylu delikanlı bana gülümsemiyor mu? Ay, nasıl şaşırdım, nasıl şaşırdım. Esma Fazıla Teyze, yani sizin torunlarınız bu ağabeyler mi?' deyivermişim. Esma Fazıla Teyze, 'Aa... aptallaştın yine çocuk, ne var bunda şaşacak, benim yavrularım bunlar işte!' dedikten sonra bir kahkaha attı. 'Anladım, anladım, sen daha küçük bir şeyler bekliyordun herhalde.' Delikanlılardan bir tanesi, bembeyaz dişlerini göstererek güldü, hoş benim şaşkınlığıma hepsi gülüyorlardı ya. 'Seni şaşırttık değil mi, Nilgün kardeş? Ama kabahat hep anneannemde. Bizden öyle bir söz eder ki her duyan bizi çocuk sanır. Bu yüzden de başımıza neler gelmedi neler... Örneğin, bizim hâlâ kendi kendimize alışveriş yapabileceğimize inanmaz, onun için de mutlaka bizimle birlikte çarşıya çıkar. Sonra da dükkânlara girip 'Çocuğa bir pantolonluk ver,' der. Arkadan biz böyle bıyıklı, sakallı içeri girince satıcı şaşırır, biz ise gülelim mi ağlayalım mı bilemeyiz. Onun için artık bizimle çarşıya çıkmasını yasakladık. Son örnek de sensin; sana bizden kim bilir nasıl söz etti. Ah, bizim biricik tontonumuz.' Bunları söyleyen torun sevgiyle Esma Fazıla Teyze'nin kolunu okşadı. Cimnastik dersine de sırf onu mutlu etmek için geldikleri açıktı. Yaa, işte o ünlü torunlar çıka çıka kendi deyişleriyle sakallı, bıyıklı koca adamlar çıktı. Esma Fazıla Teyze sadece onları getirmekle yetinmemiş, Hortlak'ın da kapısını çalmış, ama ne yazık ki o gelemeyeceğini bildirmiş."

"Neden?"

"Bu kez de ayağını dubaya vurmuş, ayağı yarılmış, sargı bezleri içinde oturuyormuş. Esma Fazıla Teyze, 'Eh, bu kadarına da pes doğrusu,' diye söyleniyordu. 'Ya bu kız çok sakar ya da üzerinde bir uğursuzluk var.' İşte bugünkü dersimizin olayları. Sizin dersler nasıl gidiyor?"

Elvan'la İrem gülüştüler. "Defne'ye sadece kolluklarıyla yüzmeyi kabul ettirdik."

Nilgün, "Aferin size," diye arkadaşlarını alkışladı. "Az başarı değil, kardeşimin canı pek tatlıdır da..."

"Müzeyyen çok ciddi ve hırslı, böyle giderse yakında öğrenecek. Tuba ise daha suyu görünce ağzını bir karış açıp avaz avaz bağırmaya başlıyor."

"Evet çocuklar, yine piknik konusuna dönsek iyi olur. Bir piknik epeyce ilgi çeker kanısındayım."

"Nerede yapalım?"

"Ben Kız Kalesi'nin olduğu adacığı düşünmüştüm. Motorla gezerek gideriz, sandviçler hazırlar, orada yüzer, sandviçlerimizi yer, adayı keşfeder, sonra yine motorla kıyıları geze geze döneriz."

"Çok güzel, Nilgün, o zaman bunu Mert'e de bildirelim de, yine danışmanın duvarına piknikle ilgili bir yazı assın."

Nilgün bir an duraladı, sonra yavaşça konuştu. "Peki bildirelim."

Elvan, "Aferin sana," dedi. Nedir bu, sanki birbirinizin can düşmanıymışsınız gibi birbirinizin yüzüne bakmıyordunuz. Oradan da mutfağa geçer, Şükrü Amca'yla kumanya işini konuşuruz. Haydi iş başına..."

Çocuklar kayalıkların üzerinden atlaya sıçraya çimenliğe geçtiler. Tam o sırada müthiş bir gümbürtüyle oldukları yerde kalakaldılar, sonra sesin geldiği yöne doğru koşmaya başladılar.

"Neydi o gümbürtü?"

"Büfenin olduğu yerden geliyordu."

"Bakalım ne olmuş."

Gerçekten de gümbürtü büfeden gelmişti. Her taraf toz duman içindeydi, yerler patlamış kutularından dökülen çamaşır tozlarıyla bembeyaz olmuştu. Çamaşır tozlarına şampuan şişeleri, gazoz şişeleri karışmış, kırılan şişeler çamaşır tozlarının üzerine dökülünce köpükler oluşmaya başlamıştı.

Şükrü Amca olay yerinde bar bar bağırıyordu. "Nerede o çocuk? Kaç kez söyledim, bunları böyle üst üste yığma diye. İşte raflar çekmedi, her şey berbat oldu. Olur mu, kardeşim, olur mu? Sakalımız yok ki lafımız dinlensin."

Büfede çalışan çocuk ortada yoktu. Göçmen Dayı koşup gelmiş, elinde süpürge, kırılıp döküleni süpürmeye çalışıyor, Şükrü Amca hâlâ bağırıyordu. "Hele o oğlanı bir elime geçireyim, anasından doğduğuna pişman edeceğim." Bir yandan bağırıyor, bir yandan da ayağını yere vurup ellerini, uzun kollarını sallayıp duruyordu.

Elvan, Nilgün'e yaklaştı. "Ay, Şükrü Amca'yı hiç böyle görmemiştim. Ne kadar da kızgın," dedi hafifçe kıkırdayarak. Nilgün de ağzı açık, hayretle izliyordu zavallı öfkeli adamı.

"Yok kardeşim yok, bunlar adam olmaz. Sen güven, malını teslim et, beyefendi her şeyi üst üste yığsın, sonra çeksin denize mi ne cehenneme gittiyse gitsin. Ama soracağım bunun hesabını ben ona!" diyor, bu arada yerdeki kutulara tekme atmayı da unutmuyordu.

Nilgün, "Zavallı Şükrü Amca ateş püskürüyor. Haydi yavaş yavaş biz de sağlam kalanları toplayalım," dedi ama o da gülmemek için kendini güç tutuyordu koca adamın bu çocuksu kızgınlık gösterisine.

Bir süre sonra yerler süpürülmüş, sağlam şişeler, kutular ve diğer erzak tezgâhın üzerine yığılmıştı. Çocuklar ve Göçmen Dayı harıl harıl çalışıyorlardı. Şükrü Amca ise suratı bir karış, bir aşağı bir yukarı gidip geliyordu.

Birden bir kahkaha duyarak irkildiler. Şükrü Amca bir yandan eliyle dizine vuruyor, bir yandan da kahkaha üstüne kahkaha patlatıyordu. Çocukların şaşkın yüzlerini görünce, "Çocuklar o gürültüyü ilk duyduğumda, 'Eyvah, bizim kampı bombaladılar,' diye koştum, meğer bizim büfe çökmüş. Bomba da nereden aklıma geldi? Hay Allah. İnsanın aklına bazen neler de geliyor, nasıl telaşlandım, deliler gibi koştum!" diyor ve yine basıyordu kahkahayı. Çocuklar ilk şaşkınlığı atlatınca Şükrü Amca'nın kahkahalarına katıldılar; öylesine tatlı, birbiri ardına patlatıyordu ki kahkahaları, katılmamak elde değildi. Sonra gülmekten yaşaran gözlerini elinin tersiyle silerek "Hay Allah!" diye mırıldandı. "Çocuklar, size de çok teşekkür ederim; öyle kızgındım ki ancak şimdi aklıma gelebildi size teşekkür etmek."

"Ziyanı yok, Şükrü Amca. Önemli değil..." diye yanıtlıyordu çocuklar bir ağızdan.

"İşte ben böyle bir yaz yağmuru gibi gürülderim, sonra da güneş açıverir..." diyen Şükrü Amca, çocukların karşısına geçip önce kaşlarını çatarak, sonra da gözlerini koca koca açarak duygularını hareketleriyle de anlattı. "Gidip şu oğlana bir bakayım. Akşama görüşürüz, çocuklar," dedikten sonra lokantaya doğru yürümeye başlayan Şükrü Amca yolda hem kendi kendine gülüyor hem başını iki yana sallayıp duruyordu.

"Şu Şükrü Amca ne ömür adam değil mi?" dedi İrem.

Nilgün, "Uzun süre kızgın kalamadığı bir gerçek," diye karşılık verdi.

Elvan, "Hem de çok yararlı bir gerçek. Fırtına geçtiğine göre artık ondan piknik için sandviç istediğimizi söyleyebiliriz," dedikten sonra ekledi. "Şerife'yle Emre neredeler acaba?"

Nilgün, "Sahi, bugün onları hiç görmedik gibi bir şey. Haydi gidip bulalım şunları," dedi.

Şerife'yle Emre'yi kavga eder buldular. Şerife, "Ayıp ayıp, bir casusluk görevidir tutturmuşsun, habire de saçmalıklar yapıyorsun!" diye söyleniyordu.

Emre de karşı çıkıyordu. "Kim demiş saçmalık yaptığımı?"

Nilgün konuştu. "Çocuklar çocuklar, ne oluyor? Şerifeciğim, ne oldu?"

Şerife omzunu silkip cevap vermedi.

Elvan araya girdi. "Bugün de herkes kızgın. Emre, yine ne yaptın?"

"Bak hepinize bozuluyorum ama," dedi Emre. "Öyle karşıma geçip büyüksü büyüksü beni paylamaya devam ederseniz, ben bu işte yokum."

"Canım hiç kimsenin seni payladığı filan yok. Ne oldu diye sorduk, o kadar."

"Şerife olayı abartıyor. Şu sıralarda sakallı genç İsviçreliyle karısını izliyorum. Hani şu denizin dibine dalanlar var ya, onlar işte. Bütün gün çaktırmadan onları izledim. Az önce karavanlarına girdiler, ben de acaba içerde yazı yazarlar mı diye yavaşça tam karavanın penceresinden içeri bakıyordum ki köpekleri beni bir kovaladı, bir kovaladı... Meğer köpekleri varmış, bileydim ona göre önlem alırdım."

Şerife, "Önlem alırmış! Sevsinler! Tüm gün sözümona belli etmeden onları izlemişmiş. Her dakika burunlarının dibindeydin, kim bilir neler düşündüler senin için," dedikten sonra yürüyüp gitti.

Emre sordu. "Nesi var bunun Tanrı aşkına?"

Elvan, "Ben de hiç onu böyle kızgın görmemiştim. Sakın başka bir şeye üzülüyor olmasın?" diye fikir yürüttü.

İrem, "En iyisi bir süre yanına gitmeyelim, azıcık sakinleşsin," dedi.

"Yok yok, ben gidip neler oluyor öğreneceğim." Nilgün koşarak arkadaşını izledi.

Nilgün çadıra girdiğinde, Şerife yatağına uzanmıştı. Nilgün yavaşça arkadaşına yaklaştı. "Şerife, nen var?"

Cevap yok...

"Bir şeye mi üzülüyorsun? Lütfen söyle bana."

Yine cevap yok... Nilgün içini çekti, belli ki arkadaşı konuşmak istemiyordu. Onu oyalayacak, konuşturacak bir konu bulmalıydı. Düşündü, düşündü sonra, "Şerifeciğim, bak bugün piknik için neler tasarladık, sana anlatayım," dedi.

Şerife hırsla yattığı yerde sırtını Nilgün'e döndü. "Sen onu git Elvan'la konuş, İrem'le konuş. Bana ne diye anlatacakmışsın. Ben uyumak istiyorum."

Nilgün şaşıp kalmıştı. O tatlı Şerife'ye ne olmuştu? Anlayamıyordu, bir türlü anlayamıyordu... Yoksa? Yoksa Şerife, Nilgün'ün ikizlerle olan dostluğunu mu kıskanmıştı? İşte bu olamazdı.

"Şerife?" dedi yavaşça.

Şerife yine, "Haydi ne duruyorsun, git sevgili arkadaşlarının yanına. Ben oradaymışım, buradaymışım ne umurunda!" deyince Nilgün'ün kuşkusu kalmadı artık.

"İlahi Şerife, yoksa onları sana yeğlediğimi mi sandın?"

Şerife hiç ses çıkarmadı. Hâlâ sırtı Nilgün'e dönük yatıyordu. Nilgün ise hem şaşkın hem üzgündü. Nasıl olmuştu da böylesine duygulu bir kız olan Şerife'yi kırmış, düşüncesiz davranmıştı?

"Şerifeciğim, bana kızmakta haklısın, ikizlerle birlikte nerede olduğumuzu sana da bildirmeliydik, ama inan ki istemeden oldu, kayalıklardaydık, hemen geri dönecektik fakat lafa daldık, sonra da Şükrü Amca'nın büfesi çökmüş, ona yardım ettik, saatler geçmiş. Sen benim en sevdiğim arkadaşım, en güvendiğim dostumsun."

Şerife'den yine ses yoktu. Uzun bir sessizlikten sonra Nilgün, "Yemek vakti geldi," dedi.

Şerife, "Karnım tok benim," diye yanıtladı onu.

"Yani şimdi sen yemeğe gelmeyecek misin?"

"Büyüklerden özür dilerim, kendimi iyi hissetmiyorum, aç da değilim."

"Hay, hay efendim, mesajlarınızı iletirim," dedikten sonra Nilgün hırsla çadırdan çıktı ve yol boyu kendi kendine homurdandı durdu. Kabahatliyse özür dilemişti. Şerife daha ne uzatıyordu bu işi? Şerife'ye sevgisi olmasa gösterirdi ona böyle ters konuşmayı.

Masaya oturduğunda, peçeteyi onunla bir kavgası varmışçasına silkeleyip kucağına koydu. Ondaki bu değişik hali masadakiler hemen fark etmişlerdi tabii.

Anneanne sordu. "Şerife nerede?"

Nilgün, "Aman ne bileyim nerede, somurtup duruyor. Ne hali varsa görsün, bana ne," dedikten sonra aynı hışımla ekmeğe saldırıp bir lokma kopardı.

Anneanne gülümseyerek konuştu. "Yemeğinle kavga eder gibisin, azıcık sakinleş de olanları anlat."

"Anlatılacak bir şey yok ki. Şerife Hanımefendi ben bugün birazcık ikizlerle gezdim diye surat ediyor, açıklayayım dedim, hâlâ bozuk çalıyor, ben de bıraktım geldim. Kimsenin esiri değilim ben. Ben onun arkadaşlarıyla gezmesine, oynamasına karışıyor muyum?" Nilgün, arkadaşıyla aralarında geçen tartışmayı anlattı.

Bu kızgın konuşma selinin boşalıp tükenmesini bekleyen dede, gülümseyerek Nilgün'e baktı. "Kızmakta bir yerde haklısın, bir yerde haksız."

"Nerde haksızım?"

"Dur canım, lafımı ağzıma tıkama. Haklısın, çünkü herkes herkesle arkadaşlık etmekte özgürdür ve bu dostluk çevresi kıskançlıkla daraltılacağına karşılıklı alışverişle genişletilmelidir. Herkes sevdiği arkadaşını diğer arkadaşlarına tanıtırsa, sevgi çemberi büyür ki bu çok güzel bir olay. Ama haksız olduğun nokta, davranışın."

"Ne var davranışımda?"

"Ona kızmışsın."

"Tabii kızarım."

"Olmadı... Kızmakla eline bir şey geçmez, bu bir. İkincisi, arkadaşın niye böyle davranıyor, önce onu düşüneceksin. Davranışının temelinde sana olan sevgisi yatıyor, seni kimseyle paylaşmak istemeyecek kadar seviyor."

Nilgün'ün yüzü yumuşayıverdi. Çabucak parlayan Nilgün, aslında duyarlı bir kızdı. Dede devam etti. "Sen ona anlayışlı davranacak, sonra da sırası gelince... ama bak dikkat et, sırası gelince öyle paldır küldür değil haa..." Paldır küldür konuşması özelliklerinden biri olduğundan, Nilgün dedesinin bu sözlerine kendini tutamayıp güldü. "Ona bu tür kıskançlıkların anlamsız ve zararlı duygular olduğunu anlatırsın. Ama en önce onun gönlünü al, bu gece birbirinize küs kalmayın."

Nilgün çadıra geldiğinde Şerife hâlâ sırtını dönmüş yatıyordu. Nilgün, "Sana üzüm getirdim," dedi.

Şerife'den ses yoktu.

Nilgün, "İyi, somurt bakalım. Ben de buraya yerleşeceğim ve sen benimle konuşmadan şu çadırdan adımımı atmayacağım," dedikten sonra abartılı hareketlerle kitabını çıkardı, kendi yatağına bağdaş kurup sırtına yastığını yerleştirdi.

Şerife bir süre daha arkası dönük, sessiz kaldı, sonra yattığı yerden az duyulur bir sesle, "Nilgün, ben saçmaladım galiba," deyince Nilgün bir kahkaha attı. "Her ne kadar sırtına bakarak konuşmak biraz tuhaf oluyorsa da biz buna da razıyız, yeter ki sen küsme, büyük ressam..." Nilgün hemen konuyu değiştirip piknik için düşündüklerini, ikizlerle bu konuda konuştuklarını anlatmaya koyuldu.

Az sonra iki arkadaş yataklarının içinde karşılıklı bağdaş kurmuş, kıkırdaşıyorlardı. Nilgün, Şükrü Amca'nın büfesinin başına gelenleri ve Şükrü Amca'nın kızgın hâlini öyle güzel taklit ederek anlatıyordu ki gülmekten Şerife'nin gözlerinden yaşlar süzülüyordu. Bu küçük kıskançlık olayı da kahkahalar arasında böylece eriyip gitti.

10. BÖLÜM

SIKI BİR VOLEYBOL MAÇI

O gün çimenlikte belirgin bir hareket, bir koşuşma göze çarpıyordu. Çocuklar birkaç gündür bir voleybol maçı düzenleyebilmek için yoğun bir çaba içindeydiler. En önemli sorun file ve direklerdi. Şükrü Amca fileyi civar okullardan sağlamış, direkleri de kampın deposundan bulup çıkarmıştı. El birliğiyle direkler toprağa dikilmişti. Fazla zora gelmemek koşuluyla oldukça sağlam sayılabilirlerdi.

Mert, maçı danışmanın duvarına bildiri asarak, Emre ise elinde bir çıngırak, kampı dolaşarak herkese duyurmuştu. Kızlar maç sonunda oyunculara verilmek üzere, Esma Fazıla Teyze'nin gönüllü olarak hazırladığı kurabiyelerle kocaman bir sürahi limonatayı çimenliğin bir köşesindeki masanın üzerine yerleştirmekle meşguldüler.

Oynamak isteyenler birer ikişer gelmeye başlamışlardı. Çocuklar heyecan içinde bekleşiyorlardı. Mert bile danışmadan izin almış, boynunda düdük, hakemlik görevini üstlenmişti. Onun hakem olmasını çocuklar ısrarla istemişler, Mert de onları kırmamıştı. Bu onu da çok mutlu etmişti aslında.

Sakallı İsviçreliyle karısı ilk gelenler arasındaydı, ardından Esma Fazıla Teyze'nin torunları, yaşlı Fransız karı koca, Nilgün'ün anneannesi ve dedesi, Hortlak'ın kocası... Hortlak da oynamak istemiş, ama Esma Fazıla Teyze, "Kızım, sen mutlaka bir yerini kırarsın, zaten ayağın yeni iyileşiyor, otur bir köşeden kocanı izle de yeni bir kaza çıkarma başımıza," diyerek onun oyuna katılmasını engellemişti.

Tanıdıkları yanında az tanıdıkları ya da hiç tanımadıkları kişiler de geliyordu. Kısa sürede çimenlik adamakıllı dolmuştu.

Nilgün, "Şerife, meğer voleybolun ne kadar meraklısı varmış," dedi mutlulukla gülümseyerek.

Şerife de onu onayladı. "Çok şükür, bu kez işler yolunda..."

O da çok mutluydu, düzenledikleri karşılaşma iyice ilgi çekmişti.

Elvan, "Öğleden sonraları deniz faslı bitince akşam yemeğine kadar yapacak bir şey yok. Onun için voleybol fikrimiz bu denli tuttu," dedi.

O sırada genç bir adam gülümseyerek onlara doğru geldi. "Siz küçükhanımları kutlamak istiyorum," dedikten sonra kızların şaşkın bakışlarına yanıt verircesine sözüne devam etti. "Önce cimnastik dersleri ve bu voleybol maçını düzenlediğiniz için, sonra da kızım Müzeyyen'e yüzme öğrettiğiniz için kutlarım sizi..."

Nilgün sordu. "Siz Müzeyyen'in babası mısınız?"

"Evet, Müzeyyen'le Tuba'nın. Biz Adana'da oturuyoruz, karım ve çocuklar hep buradalar, bense ancak hafta sonları gelebiliyorum. Onun için Müzeyyen'in yüzmeyi ilerlettiğini görünce çok şaşırdım. Eşim, sizin çocuklara yüzme dersi verdiğinizi söyleyince gelip teşekkür etmek istedim."

Kızlar mutlu ve mahcup bir şeyler mırıldandılar. Genç adam onların ellerini teker teker sıktıktan sonra atletik adımlarla diğerlerinin yanına gitti. "Bir zamanlar okulda voleybol takımının kaptanıydım, bakalım yine iyi oynayabilecek miyim?"

Oynamak isteyenler çimenliğin ortasında, izlemek için gelenler ise sahanın etrafına toplanmışlardı. Takımları kurmak gerekiyordu. Kim kiminle oynayacaktı? Önce karma iki takım düşünüldü, her dilden, her kafadan bir ses çıkıyordu. Hele de bir diğerinin dilini bilmeyenlerin elleriyle kollarıyla anlaşmaya çalışmalarını uzaktan izlemek çok eğlenceli oluyordu. Sonunda yaşlı Fransız baş parmağıyla işaret parmağını ağzına koydu, keskin bir ıslık çalarak herkesi susturdu ve kurabiyelerin başında duran Nilgün'ü eliyle yanına çağırdı. Ona ne yapmak istediğini anlattıktan sonra söylediklerini çevirmesini istedi.

"Bu bey diyor ki: 'İlk gün şöyle eğlenceli bir maç olsun diye gençlere karşı yaşlılar takımı kuralım. Yarın da hanımlarla beyler karşılaşsınlar. Sonraki günler karma yaparız. Ne dersiniz?'"

Herkes alkışlayarak kabul etti. Oyuncular yerlerini alırlarken seyirciler saha kenarına oturdular. Yaşlılar takımının kaptanı ihtiyar Fransız, gençlerinki ise Müzeyyen'in babasıydı. Mert düdüğü çalınca yaşlı Fransız ilk servisi attı, oyun başlamıştı. Nilgün'le Defne çılgınca dedelerini, Müzeyyen'le Tuba da babalarını alkışlıyorlardı her topa vuruşta. Esma Fazıla Teyze'nin torunları da iyi oynuyordu, ama sakallı İsviçreli bir felaketti. Dedeler takımında yaşlı Fransız en iyi oyuncuydu. Bir iki dede daha vardı ki onlar da gerçekten iyiydiler. Bu oyunu iyi bildikleri her vuruşlarından belli oluyordu. Nilgün'ün dedesi ise durumu idare ediyor, oyuna pek aldırmadan eğlenmesine bakıyordu. Birinci seti, kimse ne olduğunu anlayamadan yaşlılar kazandı. Seyirciler ıslık çalıyor, alkışlıyorlardı. Takımlar yer değiştirdi, ikinci sette gençler daha hırslı, daha dikkatliydiler. Onların oyununu sürekli bozan birkaç genç vardı; ama Müzeyyen'in babasıyla Esma Fazıla Teyze'nin torunları her tarafa yetişerek oyunu kurtardılar ve bu kez ikinci set gençlere geçti.

Üçüncü ve son sette heyecan son haddindeydi. Tüm oyuncular sıcaktan ve koşuşmaktan ter içinde kalmışlardı. Hele çocukların heyecanı görülecek şeydi. Son set çekişmeli geçiyor, gençlerin yaptığı her sayıya karşılık, yaşlılar da bir sayı yapıyorlardı. Hele de servisler yaşlı Fransıza geçti mi kesin birkaç sayı alıyorlardı, öylesine güzel servis atıyordu.

Maçın son dakikalarına gelinmişti artık. Servis yine ihtiyar Fransızdaydı. Müzeyyen'in babası "Eyvahlar olsun" dercesine yüzünü buruşturdu ve iyice sahanın gerisine doğru çekilerek beklemeye başladı. Fransızın servisleri roket gibi geliyor, tam saha çizgisinin önüne iniyordu, karşılaması gerçekten güçtü. Ama bazen de onları avlıyor, servisi filenin öbür ucuna yavaşçacık bırakıveriyordu. Tabii sahanın gerisinde servis karşılamayı bekleyenler fileye yetişene kadar top çoktan yere düşmüş oluyordu. Bu kez gençler her iki türlü de avlanmamaya kararlıydılar. Onun için Müzeyyen'in babası sahanın en gerisinde, Esma Fazıla Teyze'nin torunları da hemen filenin yanında yerlerini alıp beklediler. Acemileri aralara yerleştirmişlerdi.

Fransız gerildi, topa vurdu. Top güzel ve düzenli bir kavis çizdikten sonra tüm hızıyla ne geriye ne filenin hemen yanına, tam ortaya, en acemi oyuncunun önüne düştü. Zavallı çocuk karşılamak istemiş, tek eliyle vurmuş, top da yana sıçrayarak sahanın dışına çıkmıştı. Esma Fazıla Teyze'nin en büyük torunu hırsla ayağını yere vururken Fransız keyifli bir kahkaha attı. Servis yine Fransızdaydı, ama bu kez Müzeyyen'in babası topu çok güzel karşıladı ve Esma Fazıla Teyze'nin torununa geçirdi. O da zıplayarak filenin tam üstünden aşırdı ve netin arkasında duran dedeyi avladı. Gençlerle dedeler berabereydiler. Seyircilerden kimisi bağırıyordu. "Haydi gençler!" Diğerleri ise alkış tutuyorlardı. "Aslan dedeler!" Son sayı için oynanıyordu artık. Esma Fazıla Teyze'nin torunları Fransızı sıkıştırmaya çalışıyor, topu ardı ardına ona yöneltiyorlardı.

Fransız ise canla başla hepsine yetişiyordu. Bir ara top Nilgün'ün dedesine geldi. O ara dede dalmış, sağa sola bakınıyordu, herkesten bir çığlık yükseldi. "Dikkat! Dikkat!" Neyse ki diğer dedelerden biri atılarak topu kurtardı da herkes derin bir soluk aldı. Gençleri tutanlar kaçırılan bu fırsata pek yandılar. İşte ne olduysa o anda oldu, arkadan hızla fırlayan ihtiyar Fransız, öteki dedenin kurtardığı topu nefis bir vuruşla, Nilgün'ün dedesinin dikkatsizliğine dalarak yavaşlayan gençlerin tam ortasına indirdi. Gençler bunu hiç beklemiyorlardı; hiçbiri yerinden kımıldayamadı bile. Ortalık alkıştan inliyordu. Gençlerin kazanacağına mutlak gözüyle bakılan maç tek sayı farkla dedelerin olarak sürpriz bir son yaratmıştı.

Nilgün'le Defne koşup dedelerine sarıldılar, sonra yaşlı Fransızı kutladılar. Dede, "Eee, daha ölmemişiz demek, aslan gibi delikanlıları yendik," diye övündü.

Anneanne çıkıştı. "Az kaldı senin yüzünden maçı kaybedeceklerdi, insan topa dikkat etmez mi?"

Dede, "Maçı asıl benim sayemde kazandılar, ben öyle numaradan dalmış gibi yapmasaydım, o kargaşa oluşmaz, biz de gençleri böyle avlayıp kazanamazdık. Bile bile yaptım," diyerek çocuklara göz kırptı.

Çimenliğin öbür ucunda Esma Fazıla Teyze, terlerini kurulamaları için "yavrucuklarına" birer havlu verirken, "Ben mahsuscuktan yenildiğinizi anladım zaten benim tosunlarım. Aferin yavrularıma, işte insan böyle büyüklerine saygılı olmalı," diye her zaman olduğu gibi herkesin duyabileceği biçimde maçın yorumunu yapıyordu kendince.

Elvan'la İrem oyunculara kurabiye ve limonata ikram etmeye başladılar. Onca yorgunluktan sonra özellikle buz gibi limonatanın çok makbule geçtiği açıktı. Tam o sırada koşarak Şükrü Amca geldi, yüzünde kocaman bir gülümseme, herkese "Durun durun" dercesine işaret ederek elindeki yaldızdan kocaman bir yıldızı gösteriyordu. Sonra takım kaptanı yaşlı Fransıza gidip, "Kupamız olsaydı, kupa takdim edecektik ama bu da o niyete geçer," diyerek üstü yaldızla kaplanmış kartondan bir yıldızı onun göğsüne iğneledi. Yine alkışlar... Fransız eğilerek herkesi selamladı. Şükrü Amca da hem gülüyor hem alkışlıyordu. Böylece ödül de verilmiş oldu. Yemek vakti yaklaşıyordu, izleyiciler yavaş yavaş dağılırken oyuncular da duşların yolunu tuttular.

Çocuklar tabaklarla bardakları kampın mutfağına taşımış, bir yandan yıkıyor, bir yandan da günün olayını tartışıyorlardı.

Nilgün, "Oh, ne kadar mutluyum bilemezsiniz çocuklar. İşte bu tam bir başarıydı," dedi.

Şerife, "Evet, hem de devam edecek bir başarı. Baksana daha şimdiden yarınki, öbür günkü maçlar ayarlandı bile," dedi. Onun da ne denli mutlu olduğu yüzünden okunuyordu.

Onlar böyle konuşurlarken Şükrü Amca yanlarına geldi. "Size teşekkür etmeye geldim, benim yardımcı meleklerim. Sayenizde çok eğlenceli bir öğleden sonra geçirdi herkes."

"Bir şey değil, Şükrü Amca, bunları yaparken biz de eğleniyoruz," dedi İrem.

Elvan sordu. "O yaldızlı yıldızı nereden buldunuz, Şükrü Amca?"

Şükrü Amca, "Oyun boyu düşündüm, kazanana bir şey vermeli ama ne? Elimin altında hiçbir şey yoktu. Ben de kendi kendime dedim ki. 'Amaan kupa da şart mı yani!' Hemen koştum, ofiste kâğıtları karıştırırken biraz karton biraz da yaldızlı kâğıt bulunca jeton düştü ve hemen bir yıldız yaptım," dedikten sonra yine o ünlü kahkahalarından birini patlattı ve hep birlikte uzun uzun güldüler.

11. BÖLÜM

ADADA FIRTINALI BİR GECE

O gün hava pusluydu. Çocuklar mutfağın önündeki banklarda oturuyorlardı. Nilgün, kendini gazetedeki bulmacaya kaptırmıştı, Şerife her zamanki gibi bir kâğıt parçasına bir şeyler çiziyordu. Elvan gazozunu kamışla karıştırıyordu. "Öff böyle havaları da hiç sevmem, insanın içini karartıyor."

Nilgün dalgın dalgın mırıldandı. "Önüne bağdaş kurarak oturulan ve üzerine kitap konulan bir çeşit dar ve alçak masa. Hımm..."

Emre sordu. "Kaç harfli?"

"Beş."

"Öyleyse sehpa olmalı."

"İyi ama sehpanın önüne bağdaş kurup oturulmaz ki."

"Doğru, dur bir dakika düşüneyim," derken Emre kafasını kaşıyordu.

Elvan, "Rahle, rahle," dedikten sonra yine yüzünde sıkkın bir ifade ile kamışıyla oynamaya devam etti.

"Tamam oydu, teşekkürler. Yukardan aşağıya, mütekait, altı harfli, hımm, evet evet, buldum. Emekli!" diye bulmacasına devam etti Nilgün.

İrem sordu. "Akşama kadar bulmaca mı çözeceksin, Nilgün?"

"Şu anda hiçbir güç beni bu bulmacanın başından ayıramaz. Hem ne oluyor siz ikizlere, bir şeyler bulup oyalansanıza."

"Canım hiçbir şey yapmak istemiyor ama yine de bir şey yapmak gerek, yoksa çıldıracağım."

Emre, "Al benden de o kadar," diye İrem'in sözlerine katıldı.

Şerife kalemini bırakarak, "Bak bu iyi işte," diye güldü. "Hem bir şey yapmak istemiyorsunuz hem de yapmak istiyorsunuz."

Emre, "Çocuklar aklıma şahane bir fikir geliyor şu anda," diye ayağa fırladı.

Şerife, "Eyvahlar olsun, senin şahane fikirlerin beni her zaman korkutur," dedi.

"Şahane fikri herhalde gidip ders çalışmak olmalı. Sahi, senin çalışmaya niyetin yok mu?"

Elvan'ın sorduğu bu soru Emre'yi çok kızdırdı, "Ne biliyorsun benim çalışıp çalışmadığımı, geceleri ne yapıyorum sanıyorsun. Bırakın şu ders konusunu da beni dinleyin..," dedikten sonra heyecanla sürdürdü sözlerini. "Şu bizim pikniği karşıdaki küçük adada yapacağız ya neden bugün adaya gidip oraları incelemeyelim? Adayı gezersek bir fikrimiz olur, böylece kampın müşterilerini götürdüğümüzde orada şaşkın şaşkın etrafımıza bakınıp kalmayız. Adayı incelersek nerede ne yapacağımız hakkında daha sağlıklı kararlar alabiliriz."

Elvan, "Hiç de fena fikir değil," dedi sevinçle.

İrem de, "Hem de vakit geçmiş olur," diye Emre'yi destekledi.

Şerife sordu. "İyi ama motor serbest mi?"

Emre aceleyle yanıtladı Şerife'yi. "Az önce gelirken gördüm, merdivene dayalı öylece duruyordu. Hemen gidelim."

Nilgün endişeyle arkadaşlarını uyardı. "Şükrü Amca'dan izin almayacak mıyız?"

Emre, "Canım gidiş on dakika, dönüş on dakika, orada da biraz kalsak hepsi bir saat tutar," dedi.

"Yine de izin almalıyız derim ben," diye Nilgün yineledi.

Emre, "Peki, peki, içiniz rahat etsin, ben bir koşu gider Şükrü Amca'yı bulur, izin alıp gelirim," dedi.

Çocuklar canlanmışlardı. Adayı daha önce gezmemişlerdi. Tüm adayı kaplayan tarihi kale, yıkık duvarları ve bu duvarların arasından fışkıran vahşi görünüşlü ağaçlarıyla ilgilerini çekiyordu geldikleri günden beri.

Elvan, "Yaşa Emre, haydi koş bakalım, biz seni burada bekleyeceğiz," dedi.

Emre koşa koşa gitti, az sonra ıslık çalarak geri döndü. "Haydi bakalım motora, izin aldım."

Elvan, "Sahi mi, ah ne kadar iyi!" diye bağırdı.

Nilgün, "Bak bu gerçekten iyi. Şükrü Amca motorunu kolay kolay kimseye vermez," diyerek elindeki gazeteyi katlayıp çöp kutusuna attı.

Az sonra çocuklar, motorun ipini çözmüş, Kız Kalesi'nin bu küçük adacığına doğru yol alıyorlardı. Hepsinin keyfi yerindeydi. Az önceki sıkıntı dolu gün gitmiş, yerine heyecanlı, yeni bir gün başlamıştı sanki.

Emre, "Evet, hanımlar, uzaklarda görülen bu ada, esrarengiz bir adadır. Oraya giren bir daha çıkamaz," diye korkunç bir sesle anlatıyor, ötekiler ise onun bu maskaralıklarına gülüyorlardı. Emre devam etti. "Bu kalenin zindanları iskeletlerle doludur, o zavallı ruhlar, geceleri çıkıp kalenin burçlarında korkunç çığlıklar atarlar. Bu çığlıklar dalgaların sesinde boğuluyorsa da, adanın yakınından geçen denizcilerin tüylerini ürpertmek için yeterlidir."

"Aman Emre yeter, sinirimi bozuyorsun," dedi İrem.

"Ne o kızım, yoksa korktun mu?"

"Ne diye korkacakmışım? Hem bak ilerde gök nasıl kararıyor, bulutlar simsiyah."

"Sana ne bulutlardan?"

"Ne demek bana ne? Bir fırtına koparsa görürsün sen."

İrem'in kuşkusuna diğerleri de katıldılar. Emre ise hiç keyfini bozmamıştı. "Ne de olsa kız değil misiniz? Bir bulut görseniz ödünüz çatlıyor. Eveeet, ne diyordum, esrarengiz adanın laneti yine kendini göstermiş, gökler kararmış, deniz simsiyah kesilmişti. Korkunç deniz cadıları, dalgaların arasından uzanarak etrafı gözlüyor, saç yerine başlarından sallanan binlerce yılan ıslıklar çalıyordu. Bunlara Yılan Saçlı Deniz Cadıları denirdi, denizin ta derinliklerindeki bir mağarada yaşayan canavarın cadılarıydı bunlar. Görevlerini, canlı yaratıkları, hele de insanları yakalayıp deniz canavarlarına sunmaktı. O beğendiğini yer, beğenmediğini de mağarasını bekleyen zebanilere yedirirdi. İşte biiiiz, şu anda, böyle bir denizden geçiyoruz dostlarım. Yukarda gürüldeyen simsiyah gökler, aşağıda Yılan Saçlı Deniz Cadıları, Ölüm Bekçileri ve Deniz Canavarı. Ya karşıki ada? Kurtuluş orada mı acaba? Hiç sanmıyorum, dostlarım, hiç sanmıyorum."

Bu kez hepsi bir ağızdan bağırıştılar. "Yeter Emre, kes artık."

Emre katılırcasına gülüyordu onların bu haline.

"Çünküüü, kalenin mazgallarından kuru kafalar uzanıyor, bir zamanlar içinde göz olan o oyuklardan yeşilli kırmızılı lanet ışıkları saçılıyordu. İskeletler korkunç kahkahalar atarak gülüyor, kemiklerini şakırdatarak çılgınca dans ediyorlardı. Çünküüü ufukta onlara yeni bir av görünmüştü. Bu av, adaya masumane bir gezi yapmak için motorlarıyla gelen beş çocuktu."

Nilgün ayağa fırladı. "Bana bak susacak mısın sen?" Onun hızla ayağa kalkışı ufak motoru salladı.

İrem, "Ne olur Nilgün, otur, sallanıyoruz," dedi.

"Bu oğlan susmazsa, onu denize atmaya niyetliyim." Nilgün gerçekten kızmıştı Emre'ye.

Emre, "Peki peki sustum, amma da nazik sinirleriniz varmış sizin!" derken alnına iri bir yağmur damlası düştü. "Hay Allah, yağmur mu başlıyor ne?"

Gerçekten de yağmur başlıyordu. Gökyüzü iyice kararmış, sular kirli griye dönüşmüş, dalgalar kabarmaya başlamıştı.

İrem, "Demedim mi size fırtına geliyor diye," dedi. "Hani yol on dakikaydı, kaç on dakika oldu."

"Ada uzaktan bakınca yakın gibi görünüyordu ama pek de yakın değilmiş. Ama yaklaştık sayılır. Yağmur şiddetlenmeden varırız," dedi Elvan.

Çocukların keyfi kaçmıştı. Adayı diledikleri gibi gezemeyeceklerdi, üstelik yağmuru hiç düşünmediklerinden kendilerini koruyacak ne bir ceket ne de bir şapka almışlardı. Hepsi sessizlik içinde adaya bakıyor, bir an önce karaya çıkmak istiyorlardı. Dalgalar kabardıkça kabarıyor, yağmur gittikçe hızlanıyordu.

Artık hepsinin ortak düşüncesi sağ salim adaya ayak basmaktı. Yerlerine sımsıkı oturmuş, motorun tekdüze sesini dinliyorlardı. Derken, ilerde bir parlaklık yanıp söndü, arkasından müthiş bir gökgürültüsü duyuldu. O dost deniz, iyice düşman bir görünüme bürünmüştü. Şimşekler çakıyor, gök gürüldüyordu. Dakikalar saatler kadar uzuyor, adaya bir türlü ulaşamıyorlardı. Yalnız yağmur değil, dalgalar da çocukları ıslatıyor, motorun hızını kesiyordu.

Sonunda adaya ulaştılar. Bu kez de kayalıklara çarpmadan çıkmak bir sorundu. En önce Emre atladı kıyıya ve ipe tüm gücüyle asıldı. Çocuklar dalgaların motoru kıyıya her yaklaştırışında kenardaki yassı bir kayanın üzerine atlayarak teker teker çıktılar.

Nilgün derin bir soluk alarak, "Çok şükür, kazasız belasız

vardık. Şimdi barınacak bir yer bulmalıyız, yeterince ıslandık zaten," dedi.

Emre sordu. "Peki motor ne olacak? Onu burada bırakırsak ya dalgalar sürükler ya da kayalara çarpa çarpa parçalanır. En iyisi siz şunun ipini tutun, ben sahili koşarak dolaşayım, uygun bir yer bulunca oraya çekeriz."

Elvan, "Nilgün'le İrem motorun ipini tutsunlar, sen sağ tarafa, ben sol tarafa bakayım. Hiç olmazsa iki tarafı da taramış oluruz," deyince herkes bu öneriyi kabul etti.

İki arkadaş iki ayrı yöne doğru koşmaya başladılar. Nilgün'le İrem ise, Şerife'nin de yardımıyla dalgalara karşı zorlu bir savaş veriyorlardı. Az sonra Emre göründü. "Buldum, buldum, küçücük bir koy var, tam bizim motora göre öyle de kuytu ki!" diye bağırıyordu. O rüzgârda sesi zor duyuluyordu. Bu kez hep birlikte ipe asılarak Emre'nin gösterdiği yöne doğru motoru çekmeye başladılar. Çocuklar sırılsıklam olmuşlardı, saçlarından sular süzülüyordu. Uzun bir süre uğraştıktan sonra motoru koya çekip ipini sivri bir kayaya sıkıca bağladılar.

"Tamam, artık kalenin içine girebiliriz," dedi Nilgün. Bu kez geriye doğru koşmaya başladılar. Kayaların üstünde ayakları kayıyor, çamura dönmüş kumlara bastıkça ayakkabılarına ıslak kumlar doluyordu. Kalenin kapısından içeri girdiklerinde bir an şaşırdılar, burası uzaktan göründüğünden çok daha büyüktü. Merdivenler, yıkılmış katlar, büyük bir taş avlu, kalenin çok yıllar önce yüzlerce kişiyi barındırdığını ortaya koyuyordu. Çoğu yerinin yıkılmış olmasına karşın bazı yerleri olduğu gibi kalmıştı. Özellikle, daha dün yapılmışçasına sağlam duran odalar, merdivenler ve o devirde yağ kandillerinin konduğu duvardaki küçük bölmeler çocuklarda garip duygular uyandırdı.

Nilgün, "Çocuklar, buralarda bir zamanlar bizler gibi insanların, çocukların dolaştığını, hemen şu durduğumuz yerde kim bilir kimlerin durduğunu, şu merdivenlerden kimlerin inip çıktığını bir düşünsenize," dedi etrafına bakınarak.

Elvan, "Kusura bakma ama Nilgün, bunları sonra konuşuruz. Bak şuradaki merdivenler aşağı doğru iniyor, ben şu anda kendimi kuru bir sığınağa atmaktan başka bir şey düşünemiyorum," derken Nilgün'ün kolunu çekiştiriyordu. Elvan'ın gösterdiği merdivenlere doğru yöneldiler.

İrem korkuyla uyardı. "Çocuklar, merdivenlerin sağlam olduğuna emin misiniz? Ya biz inerken çökerse?"

Elvan, "Sağlam görünüyor ama biz yine de dikkatli olalım," dedi. Yavaş yavaş inmeye başladılar. Merdivenin bittiği yerde üzeri kapalı, avlumsu bir yer çıktı karşılarına. İlk kez yağmur altından kurtulup kuru bir yere gelebilmişlerdi. Kırık taşların arasından otlar, çalılar fışkırıyordu. Hemen duvarın dibine çöktüler, hepsi de yorgunluktan bitkin haldeydi. Üstelik tir tir de titriyorlardı. Bir süre hiç konuşmadan öylece oturdular, sonra sessizliği Nilgün bozdu.

"Nedir bu başımıza gelenler. Yola çıktığımızda hava ne kadar da güzeldi."

Şerife atıldı. "Akdeniz'de fırtına böyle ansızın patlayıverir işte. Yağmuru da fırtınası da birden tüm şiddetiyle gelir, yağar, eser, gürülder, sonra da geldiği gibi ansızın gider."

"Ya uzun sürerse ne yaparız?"

"Bu kez pek de çabuk geçeceğe benzemiyor."

"Annelerimiz babalarımız bizi kim bilir nasıl merak edecekler. Çabuk döneceğiz diye kimseye haber de vermedik."

"Kimin aklına gelirdi böyle olacağı."

Her kafadan bir ses çıkıyordu, bir tek Emre susuyor, durmadan tırnaklarını kemiriyordu. Onun bu halini fark eden İrem, Emre'ye alaylı alaylı sordu. "Sen niye susuyorsun öyle, yoldayken çenen durmak bilmedi, korkunç öykülerin bitti mi yoksa?"

Nilgün sordu. "Niye Emre? Bir şey mi var?"

Emre, "Hem de ne biçim bir şey var," dedi başını iki yana sallayarak.

"Ne var? İnsanı meraktan çatlatmasana. Söyle haydi."

"Motor."

"Ne olmuş motora?"

"Motor için Şükrü Amca'dan izin alamadım."

"Nee?"

"Yukarı çıktığımızda Şükrü Amca'nın Mersin'e erzak almak için gittiğini, ancak akşama döneceğini söylediler. Ben de öylesine sıkılıyor ve adaya o kadar gitmek istiyordum ki gelip size izin aldım diye yalan attım."

"Ama niye?"

"Niyesi var mı? İzin almadım desem, hiçbiriniz motorla geziye çıkmazdınız da ondan."

"Ah Emre, yaptığını beğendin mi bakalım! Döndüğümüzde zaten annelerle babalarla başlarımız derde girecek, motorunu bu havada izinsiz aldık diye bir de Şükrü Amca kızacak bize," diye Elvan kızgın kızgın söylendi.

Şerife, "Neyse üzülme, olan olmuş bir kez. Geri dönünce özür diler, bir daha da kendi burnunun dikine gitmezsin," dedi Emre'ye. "Hem aslında hepimiz suçluyuz."

İkizler aynı anda bağırıştılar. "Nedenmiş o?"

"Çünkü biz de ada gezisine öylesine kapıldık ki hiçbirimiz değil büyüklerimizden izin almak, onlara bir haber bile vermedik."

"Ama ada şuracıkta gibi görünüyordu, o kadar yakın yere çabucak gider geliriz diye izin almaya gerek görmedik."

"Gerek görmedik mazeret değil Elvan, yaptığımız doğru değildi. Değil mi ki kamptan ayrılıyorduk, sormalıydık. O zaman da birinden biri havaya ve bulutlara bakarak bizi uyarabilirdi, tüm bunlar da başımıza gelmezdi. Hiç mazeret bulmaya çalışmayalım, hepimiz suçluyuz, cezamızı da çekiyoruz."

Ortalığı derin bir sessizlik kapladı. Emre derin derin düşünüyor, ötekiler de susuyorlardı. Bir süre sonra Emre, "Şuradan biraz kuru çalı çırpı toplayayım da ateş yakayım," diye ayağa kalktı.

İrem sordu. "Neyle yakacaksın?" Emre o gün ilk kez iyi bir haber vermenin mutluluğu içinde cebinden kibrit çıkarıp gösterdi sonra da çabucak çalı çırpı toplayıp bir ateş yaktı.

Ateşin etrafına çevrelendiler, ama yine de tir tir titriyorlardı. Nilgün, "Hiç olmazsa gömleklerimizi çıkarıp ateşe tutsak belki bir parça kururlar da, bu buz gibi giysilerden kurtuluruz," dedikten sonra Emre'ye döndü. "Haydi Emre, sen arkanı dönerek otur, hepimiz soyunup gömleklerimizi kurutacağız, sen de tişörtünü çıkarıp bize ver, seninkini de kurutalım." Giysilerin kuruması epeyce zaman aldıysa da sıcacık gömlekleri giydiklerinde bu beklemeye değmişti.

Artık sabahı beklemekten başka yapacak bir şey yoktu. Rüzgârın harekete geçirdiği ağaçların, dalların gölgeleri karanlık ve uğultulu gecede korkunç, garip şekiller oluşturuyordu. Çocuklar birbirlerine sokulup uyumaya çalıştılar ama bir yandan açlık, bir yandan da soğuk ve gökgürültüsü buna olanak vermiyordu. Başka bir zaman olsa, birbirlerine öyküler anlatarak vakit geçirirlerdi. O anda hiçbirinin konuşacak hali yoktu.

Sabahın ilk ışıkları tepelerin ardından belirirken çocuklar sonunda uyuyakalmışlardı. Fırtına dinmiş, deniz durulmuş, ortalığı dinginlik ve sessizlik kaplamıştı.

Çalılıklarda uçuşan kuşların cıvıltısı çocukları uyandırdı. Hava yine o tatlı, güzel kokulu hâline bürünmüştü. Nilgün, "Of çocuklar, her tarafım uyuşmuş, ay ay ay!" diyerek ayağa kalktı.

Elvan boynunu ovuşturuyor, "Benim de boynum tutulmuş galiba," diyordu.

İrem ise sevinç içinde, "Oh çok şükür sabah oldu, artık bu adadan gideceğiz. Bir daha adaya gelmek mi, tövbeler tövbesi!" diyerek buruşuk eteğini düzeltmeye çalışıyordu. Emre çoktan motoru almaya gitmişti. Bir tek Şerife'de bir gariplik vardı. Hâlâ olduğu yerde kıvrılmış yatıyordu.

Nilgün, "Şerife, Şerife, yeni yatağını pek sevdin galiba, haydi kalk sabah oldu," diyerek arkadaşının omzunu sarstı. Şerife mırıldanarak öbür tarafa dönünce Nilgün, "İlahi Şerife, sen de tuhafsın yani, gören de kuş tüyü yataklarda uyuyor sanır," derken birden duraladı. Şerife'nin çenesi titriyor gibiydi, kolunu tuttu, tüm vücudu titriyordu, ateşler içindeydi. "Şerife, Şerife," diyerek onu yeniden sarstı. Sonunda Şerife gözlerini açtı, fakat bu gözler kıpkırmızıydı, kan çanağına dönmüştü. Nilgün'e tanımaz gibi bakıyordu. Nilgün, hâlâ, "Şerife, Şerife!" diyordu telaş içinde. Şerife hafifçe mırıldandı.

"Ne var, Nilgün? Ay, çok üşüyorum, hastayım galiba."

Nilgün iyice telaşlanmıştı. "Merak etme canım, sabah oldu. Emre de motoru getirmeye gitti. Hemen gideceğiz buradan, kampta sıcak bir şey içip bir aspirin aldın mı bir şeyciğin kalmaz," derken daha çok kendini avutur gibiydi.

"Elvan, İrem!" diye alçak sesle ikizlere seslenen Şerife'nin gözleri yine kapanmıştı.

Nilgün, "Şerife çok hasta çocuklar. Ne yapacağız? Gözleri kıpkırmızı, vücudu ateşler içinde ve titriyor," diye endişe içinde arkadaşlarına seslendi.

İkizler hemen koşup geldiler. Nilgün'ün yanına yere oturdular. "Şu Emre de gitti, motor oldu," diye homurdandı Nilgün. Tam o sırada Emre göründü ama pek de mutlu bir hali yoktu. Yüzü bembeyazdı.

"Şey... çocuklar... mmotor... yok... yerinde yok."

"Tamam, bir bu eksikti," dedi Elvan.

Nilgün acı gerçeğe inanmak istemiyor gibi sordu. "Canım koskoca motor uçmaz ya, sıkı sıkıya bağlamıştık, yanlış yere bakmış olamaz mısın?"

Emre çırpınıp duruyordu. "Hayır, hayır, bir tek o küçücük

koy vardı. Motor yok, yok. Of Allahım, ne yapacağım ben şimdi? Şükrü Amcaya ne diyeceğim?"

Elvan, "Dahası Şerife çok hasta, onu hemen kampa götürmemiz gerek, ateşler içinde kızcağız," dedi.

Emre, Şerife'nin yanına eğilip elini tuttu. "Gerçekten, ateşi var," diye mırıldandı, yüzü keder ve korku içindeydi.

Şerife sayıklamaya başlamıştı. İrem, "Beterin beteri vardır atasözünü şimdi daha iyi anlıyorum," dedi. "Dün. gece bundan daha kötü bir durum olamaz diye düşünmüştüm, oysa sabah işler daha da kötüye gitti. Arkadaşım hasta, motor kayıp ve biz de burada kaldık."

Nilgün, "Bizi aramaya çıkacaklarından eminim de, bari ellerini çabuk tutsalar," dedi.

Nilgün'ün sözünü Elvan'ın çığlıkları kesti. "Şuraya bakın, şuraya bakın!" İlerde, epeyce uzakta kayıp motor duruyordu.

Emre'nin yüzü birden aydınlandı.

"Şu işe bak, demek gece fırtınada ip koptu, motor da denizde dolaştı durdu. Neyse ki gözümüzün önünde, kayalıklara çarpıp parçalanmış da olabilirdi!" diye sevinçle haykırdı.

Elvan, "Ama Emre gözümüzün önünde olması hiçbir işe yaramaz ki," dedi.

"Acaba yüzerek gitmeyi bir denesem mi?"

Bu kez Nilgün konuştu. "Sen delirdin mi, Emre? Baksana ne kadar uzakta, yarı yola varmadan nefesin kesilir. Zaten bir hastamız var, bir de boğulmuş arkadaş istemeyiz," diyerek şiddetle karşı çıktı.

"Peki, ne yapacağız öyleyse?"

"Oturup bizi bulmalarını bekleyeceğiz."

Birden arı vızıltısına benzer bir ses duyuldu. Hepsi kulak kesilmişlerdi, vızıltı giderek yaklaşıyordu. Evet, bir motor sesiydi bu. Hemen kıyıya koştular, ilerlerde bir motor, Şükrü Amca'nın motoruna yaklaşıyordu.

Emre hemen tişörtünü çıkarıp kalenin duvarlarına hızla

tırmandı. Deliler gibi gömleğini sallayıp duruyor, arada bir de keskin ıslıklar çalıyordu. Motor, Şükrü Amca'nın motorunun etrafında iki daire çizdi. Belli ki içinde kimse var mı diye bakıyorlardı. Emre bağırıp zıplamaktan mosmor olmuştu. Motor bir an kıyıya doğru geri dönecekmiş gibi manevra yaptı, bu kez Emre'nin bağırtılarına kızlar da katıldılar. Onlar da kollarını, mendillerini sallıyorlardı. Motor bir an duraladı, sonra dönüşünü tamamlayarak burnunu adaya doğru çevirdi. Suları yararak kendilerine doğru hızla geliyordu artık.

Çocuklar bağırışıyorlardı. "Yaşasın, yaşasın, kurtulduk!"

Motor iyice yaklaşınca içindekinin Mert olduğunu gördüler. Açlık, korku, yorgunluk ve uykusuzluğun getirdiği sinir gerginliği, bir dost yüzü görünce her birinde ayrı biçimde kendini gösterdi, İrem ağlıyordu, Emre, "Ne müthiş bir gece yaşadık!" diye böbürleniyordu. Bunu tüm bir yıl konuşacağa benzerdi.

Elvan, "Hele şükür kurtulduk," diye gülüyordu. Hepsi hararetle Mert'e teşekkür ediyor, birbirlerinin boynuna sarılıp öpüşüyorlardı. Nilgün'ün sevinci ise bir an sürdü, o da Mert'le kucaklaşmış, ona teşekkür etmişti diğerleri gibi, ama aklı Şerife'sindeydi.

"Şerife çok hasta, onu hemen kampa götürmeliyiz," dedi. Hep birlikte yeniden Şerife'nin yanına geldiler. Zavallıcık hâlâ olduğu yerde büzülmüş, tir tir titriyordu.

Mert elini onun alnına koydu. "Vay vay vay, ateşi çok yüksek bu kızcağızın. Haydi Nilgün, yardım et de Şerife'yi motora taşıyalım. Gelirken yanımda birkaç battaniye, havlu filan getirmiştim ne olur ne olmaz diye. Şerife'yi battaniyeye sararız." Şerife'nin iki yanına geçen arkadaşları onu motora kadar taşıdılar ve motorun tabanına, bir battaniyenin üzerine yatırdılar. Nilgün, Şerife'yi çoktan bir battaniyeyle sarıp sarmalamıştı bile. O yaz sıcağında titreyip duruyordu kızcağız.

Şükrü Amca'nın motorunu bir iple kendi motorlarına bağlayan Mert, kampa doğru yola çıktıklarında sordu. "Neler oldu anlatın bakalım. Yalnız ben şu kadarını söyleyeyim, tüm kamp halkı yas içinde. Dün gece aramadığımız yer kalmadı. Civar harabeleri bile elimizde fenerler, o fırtınada adım adım dolaştık. İşin kötüsü, ne yaptığınızı bilememekti. Denize mi açıldılar, yüzmeye mi gittiler, harabeleri dolaşmaya mı çıktılar, yoksa caddeye çıkıp yürüyüş mü yapmak istediler? Hiç kimseye hiçbir şey söylememişsiniz. Sonunda, birileri motora binip gittiğinizi görmüşler de haber verdiler. Motor da gerçekten ortalarda olmayınca bunlar motorla dolaşmaya gittiler dedik. Ama bu da garipti, çünkü motor Şükrü Amca'nındı ve Şükrü Amca'nın motoru aldığınızdan haberi bile yoktu. Kısacası, bunlar sizin yapacağınız işler değildi, tabii bu bizi daha da kuşkulandırdı." Mert anlatırken çocuklar suçlu suçlu birbirlerine bakıyorlardı, hele de Emre yer yarılsa yerin dibine geçecek haldeydi. Bir tek Nilgün'ün içinde tüm bu üzüntülere karşın bir sevinç kıpırtısı vardı. İlk geldikleri günden beri Mert'le aralarındaki sürtüşme, az önce, herkes birbirini kucaklarken onların da kucaklaşmasıyla eriyip yok oluvermişti. O anda şimşek gibi şu düşünceler geçmişti Nilgün'ün zihninden: Bugüne dek bu saçma kızgınlığı sürdürmekle ne kadar aptallık etmişim, incir çekirdeğini doldurmayacak bir şeyi büyüttüm de büyüttüm. Oysa dost olmak ne kadar güzel ve mutluluk verici.

Mert anlatmasını sürdürüyordu. "Civardan bir motor bulup gece sizi aramaya çıktık. Kız Kalesi'nin adacığına da geldik ama dalgalar öylesine büyük ve sertti ki adaya yaklaşamadık. Biliyorsunuz, adanın etrafı da kayalık, boş yere seslendik durduk. O havada sesimizi duyuramayacağımızı biliyorduk da yine bir umut işte... Adanın etrafında birkaç kez dolandık ama ne siz vardınız ne de motor."

Emre, "Motoru çok emin, küçücük bir koyun içine sokmuştuk," dedi.

"Herhalde o karanlıkta göremedik," diye devam etti Mert.

"Daha sonra yaklaşabildiğimizce yaklaşıp tüm kıyıları taradık ama yoktunuz. Oysa kampa sizlerden iyi bir haberle, dahası sizlerle dönmeyi öylesine istiyorduk ki... Neyse, kampa döndüğümüzde saat gece yarısını çoktan geçmişti, ama tüm kamp halkı ayaktaydı, bizi bekliyorlardı. Şükrü Amca benden de bitkindi; çünkü o, kıyıları daha iyi görebilmek için birkaç kez denize atladı, kıyılara yüzdü, geri geldi."

"Ne? O havada, o gece karanlığında mı?"

"Ne sandınız ya!"

Çocuklar ne diyeceklerini bilmez haldeydiler.

"Fakat en kötüsü, bekleşen ailelerinize eli boş dönmekti. Sabahı beklemekten başka seçeneğimiz yoktu. Sabahın ilk ışıklarıyla ben dayanamadım, bir de gündüz gözüyle gidip bakayım dedim. Şükrü Amca üstü başıyla öylece olduğu yerde sızıp kalmıştı, onu uyandırmaya kıyamadım, yalnız yola çıktım. Ve şimdi ne kadar mutluyum, sizi buldum, ailelerinize götürüyorum." Mert'in gözleri pırıl pırıl ve sevgi doluydu. "Eee, hep ben anlattım, şimdi de siz anlatın bakalım. Neler oldu, başınıza neler geldi?"

Diğerleri birbirlerine baktılar, hiçbiri anlatmaya hevesli değildi; sonra yavaş yavaş, sırayla her şeyi anlattılar.

12. BÖLÜM

ÜZÜNTÜLÜ GÜNLER

Uzaktan motor görününce iskelede hemen bir kalabalık oluşuverdi. Hele motorun içinde çocukları görünce bu heyecan yerini sevinç gözyaşlarına bıraktı. İkizlerin annesiyle Nilgün'ün dedesi kâğıt gibi bembeyazdılar. Nilgün'ün anneannesi sürekli yatıştırıcı ilaçlar almaktan ayakta sallanır gibiydi. Emre'nin annesiyle babasının da diğerlerinden geri kalır yanları yoktu.

Teker teker iskeleye çıktıkça; herkes onları öpüyor, kucaklıyordu. Esma Fazıla Teyze tüm haşmetiyle iskeleyi kaplamıştı. Beyaz sakallı yaşlı Fransız da karısıyla iskelede bekleşenlerdendi. Daha kimler yoktu kimler. Hortlak, kocası, Müzeyyen'in annesi, Esma Fazıla Teyze'nin torunları. Temizlik işçisi Göçmen Dayı bile gelmiş, daha birkaç gün önce kulağını çektiği Emre'yi bağrına basıyor, öpüyordu. Defne, Müzeyyen, hatta Tuba da vardı, onlar da sevinçle el çırpıyor, zıplıyorlardı.

Defne, ablasının eline sıkı sıkıya yapışmış, "Üzüntümden dün akşam hiç yemek yemedim, üstelik balıkla çikolatalı tatlı vardı, bilirsin ben balığı da çikolatalı tatlıyı da ne kadar severim. Haydi gidelim, bir güzel kahvaltı edelim. Karnım zil çalıyor, Nigocuğum," diyordu.

Anneanne birden, "Şerife!" diye bağırdı. "Şerife nerede?"

Nilgün konuştu. "Şerife motorda, hastalandı, onu ancak el birliğiyle taşıyabiliriz."

"Aman Allahım, demek hasta. Eyvahlar olsun Cevat, üstelik emanet çocuk. Çabuk çabuk, onu motordan alıp bizim odaya yatıralım, şimdi çadırda filan olmaz."

İşte ancak o sırada herkes motorun içine yatırılmış Şerife'yi fark etti. Esma Fazıla Teyze'nin torunları hemen koştular, Şerife'yi kucakladıkları gibi doğru gösterilen odaya götürüp yatağa yatırdılar. Şükrü Amca ilkyardım çantası elinde, koşa koşa gelirken kampta tatil yapmakta olan bir doktor da çoktan Şerife'nin yanına varmıştı.

Önce sayıklamakta olan Şerife'ye bir derece koydu, nabzını yokladı. Ateş kırka kadar yükselmişti, üstelik sabah sabah. Doktor çocuklara dönerek, "Arkadaşınıza gerekli her şeyi yapacağımdan emin olabilirsiniz. Sizlerden, hemen iki aspirin alıp yataklarınıza girmenizi ve hiç olmazsa bugün dinlenmenizi istiyorum. Bu küçükhanımla işim bittikten sonra sizleri de teker teker muayene edeceğim," diyerek onları odalarına yolladı.

Gerçekten de az sonra hepsini teker teker muayeneye gelen doktor, çocukları birkaç kuvvetli hapşırık ve gıdıklanan burun dışında sağlıklı buldu. Bir iki gün aspirin alacak ve dinleneceklerdi, o kadar.

Kavuşma telaşı, sevinci ve doktor muayenesi bitip de hesap verme zamanı gelince çocukların keyfi kaçtı. Zavallı Emre babasından şiddetli bir azar yedi. Üstüne üstlük, bundan böyle akşam yemeklerinden sonra doğru odasına gidip ders çalışacaktı, artık akşamları deniz kenarında dolaşmak ona yasaktı. İkizlerin annesi ise durup durup, haber vermeden nasıl böyle bir işe kalkıştıklarını soruyordu. Nilgün'e gelince, o arkadaşına o denli üzülüyordu ki anneannesi onu paylamayı daha sonraya bıraktı. Fakat şurası kesin ki hepsine en büyük ceza sevgili arkadaşlarının hastalanmasıydı. Hele Emre, ikide bir Şerife'nin yattığı odaya gidiyor, nasıl olduğunu soruyordu. Ateşinin hâlâ düşmediğini öğrenince, kapının önündeki basamaklara oturup başı önünde, derin derin düşünüyordu.

Şimdi hepsinin ortak dileği, arkadaşlarının bir an önce iyileşmesiydi. Doktor Şerife'ye iğne yapmış, antibiyotik ve aspirin vermişti. O gün akşama kadar anneanne, Şerife'nin vücudunu, yardıma gelen Esma Fazıla Teyze'yle birlikte kâh sirkeyle kâh kolonyayla ovdu. Fakat ateş düşmek bilmiyordu, zavallı Şerife'nin dudakları çatlamıştı. O gece çocuklar Şerife'yi beklemek istedilerse de anneanne buna izin vermedi.

"Doktoru duydunuz, bu gece de iyice dinlenin, uyuyun, yarın bana yardımcı olursunuz," dedi.

Anneanne o geceyi Şerife'nin başucunda geçirdi. Şerife oradan oraya dönüyor, sayıklayıp duruyordu. Anneanne durmadan onun başına buz dolu bir kese koyuyor, bileklerini, ensesini kolonyayla ovuyordu.

Sabaha karşı inatçı ateş otuz sekiz buçuktu. Gerçi bu da yüksekti ama kırk derece ateşten sonra demek düşmeye başlamıştı. Kapı hafifçe fıkırdadı, gelen Nilgün'dü. "Anneanneciğim, ben çok iyiyim, çok da iyi uyudum. Nöbeti devralmaya geldim. Şerife nasıl?"

Anneanne yorgun yorgun gülümsedi. "Ateşi yine yüksek ama çok şükür biraz düştü, şimdi otuz sekiz buçuk."

Nilgün "Anneanneciğim, bitkinsiniz. Haydi siz yatın, ben ona bakarım. Nasıl olsa az sonra Doktor Bey de gelir," dedikten sonra arkadaşının başucuna yerleşti.

O gün de Şerife'ye iğne yapıldı. Kızcağızın gözü açılmış, sayıklaması durmuştu, ama bitkindi.

"Başım çatlıyor ve çok üşüyorum," diyordu.

Anneanne telaş içinde ellerini ovuşturuyor, odada bir aşağı bir yukarı gidip geliyordu. "Cevat, Şerife'nin ailesine haber vermemiz gerek," dedi.

Dede, bir an düşündükten sonra, "Bilemiyorum, haber versek çocuk iyileştiği takdirde onları boşuna telaşlandırmış olacağız. Bizimkiler de az mı ateşlendilerdi. Öte yandan sorumluluk var, neden haber vermedin derlerse hakları olmaz mı?"

Şerife yatakta hafifçe doğrularak, "Lütfen haber vermeyin," diye fısıldadı.

İkisi de ona doğru eğildiler. Anneanne sordu. "Aman kızım, sen yat. Bak hem annen gelirse iyi olmaz mı?"

Şerife, "Lütfen, lütfen haber vermeyin. Ben iyileşeceğim, bundan eminim, onları da boşuna üzmeyelim. Hem sonra beni alıp eve götürürler, oysa burada arkadaşlarımla öyle güzel günler geçiriyorum ki," diyerek yalvaran gözlerle onlara bakıyordu.

Dede kendini tutamayarak güldü. "Çocuk, nerede olsa çocuk işte. Biz ne konuşuyoruz, o ise neyin peşinde." Sonra Şerife'nin elini avucunun içine aldı. "Madem öyle istiyorsun, küçük prenses, öyle olsun. Bu hastalığı hep birlikte yeneriz evvelallah. Öyle değil mi Hafız?"

O gün de akşama kadar, doktorun yardımıyla ilaçlar ve iğneler sürerken bu kez ikizlerle Nilgün, Şerife'nin vücudunu kolonya ve sirkeyle ovdular, başındaki buz kesesini tazelediler, Esma Fazıla Teyze'nin hazırlayıp getirdiği limonatayı içirdiler. Emre ise hep kapının önündeki basamaklarda oturuyor, arada bir dolaşıyor, ama onlardan bir türlü uzak kalamıyor, yine gelip oturuyor, bekliyordu.

Üçüncü gün ateşin hâlâ düşmeyişi herkesi ciddi kuşkulara itti. Doktor, Şerife'nin bunu atlatacağını, hastalığının çok şiddetli bir üşütmeden ibaret olduğunu söylerken, anneanne zatürreeye çevirmesinden korktuğunu yineleyip duruyordu.

Kampta herkesin keyfi kaçmıştı, tüm faaliyetler durmuş, müşteriler odanın önünden nasıl diye sormadan geçmez olmuşlardı. Yaşlı Fransız ise her gün Şerife'yi yokluyor, Nilgün'e cesaret veriyordu yüzündeki o sıcak gülümseyişiyle.

Dördüncü gün sabaha karşı anneanne, "Ben artık annesiyle babasına haber vereceğim, kızcağız mum gibi eriyip duruyor, bu nasıl üşütme ki dört gündür ateş otuz sekiz buçuktan aşağı inmiyor onca iğne ilaca karşın!" dedi, sesi titriyordu.

Saat yedide anneanne giyindi ve restorana çıktı; hem Şerife'nin ailesini arayacak hem de kahvaltısını edecekti. Anneanne gittikten sonra Şerife yavaş yavaş gözlerini açtı, yanında Nilgün vardı.

Şerife'nin seslenmesiyle Nilgün yerinden fırladı. "Nilgün?"

"Nasılsın Şerifeciğim?"

"İyiyim galiba. Üzerimdeki o ağırlık gitmiş, kendimi iyi hissediyorum."

"Gözlerin eskisi gibi sulu sulu da değil. Dur senin bir ateşine bakayım," diyerek Nilgün dereceyi koydu. Üç dakikalık bekleyiş, Nilgün'e üç saat gibi geldi. Titreyen ellerle dereceyi aldı ve bir zıplamayla Şerife'nin boynuna sarıldı.

"Müjde! Müjde! Ateşin otuz altı buçuğa düşmüş. Oh Allahım, sana şükürler olsun."

Nilgün arkadaşını bıraktıktan sonra elinde derece odanın ortasında Kızılderili dansı yapmaya başladı. Şerife, "Nilgün, sus, yan odaları uyandıracaksın," diyordu.

Nilgün ise, "Çok umurumdaydı," diyor, tepiniyor da tepiniyordu. Birden durup "Eyvah!" dedi.

"Ne var?"

"Anneannem, annenle babana telefon etmeye gitti. İyileştiğine göre, onları telaşa vermemiz gereksiz. Ya şimdiye dek konuştuysa?"

"İstersen hemen koş haber ver, belki daha telefon etmemiştir."

"Hemen gidiyorum."

"Nilgün, üstünde geceliğin var, nereye gidiyorsun öyle?"

"Şimdi giyinecek vaktim yok benim, ama gül hatırın için sabahlığımı giyerim," diyerek sabahlığını omzuna attığı gibi dışarı fırladı Nilgün.

Yolda bir yandan sabahlığını giymeye çabalıyor, bir yandan da koşuyordu. Böylece yel yepelek restorana daldığında, anneannesini bir masada çay içer buldu. Onu bu kılıkta, soluk soluğa karşısında gören anneanne ayağa fırladı. "Ne var? Ne oldu?"

"Korkma anneanneler kraliçesi, Şerife'nin ateşi düştü, otuz altı buçuk."

"Emin misin?"

"Tabii eminim, değişik ışıkta tam üç kez kontrol ettim. Anneanne, aradınız mı onları?"

"Aradım ama açan olmadı."

"Aman ne iyi! Anneanne, artık haber vermeyelim, boşuna üzmüş oluruz onları." Birlikte Şerife'nin yanına gittiler.

Şerife yatağının içine oturmuş, onları bekliyordu. Anneanne, "Şükürler olsun sana Allahım!" diyerek Şerife'ye sarıldı, ağlamaya başladı.

O sırada içeri giren dede, durumu Nilgün'den öğrendi. "Ne oluyorsun canım, sevineceğine böyle ağlanır mı?"

"Sen karışma ağlamama. Emanet çocuk, aklım başımda değildi kaç gündür. Bırak da biraz ferahlayayım," diye çıkıştı anneanne.

Dede, "Peki peki," dedi.

İyi haber çabuk yayılmıştı. Herkes geliyor, geçmiş olsun diyordu. Az sonra doktor geldi, o da Şerife'yi iyi buldu. Ama birkaç gün daha dinlenecek, yataktan çıkmayacaktı. İkizler, "Sen üzülme, biz seni oyalarız," diyorlardı. Emre ise, "Bir daha izin almadan bir şey yapmak mı tövbeler tövbesi!" diye kendi kendine mırıldanıyordu. Şerife iyileştiğine göre o da kızlardan uzak, şöyle kendi kendine, gönlünce balık tutmaya gidebilirdi artık. Ellerini ceplerine soktu, kafasını dinlemeye çok ihtiyacı vardı, ıslık çalarak deniz kıyısının yolunu tuttu.

Az sonra Şükrü Amca belirdi, elinde bir tepsi, içinde kahvaltılıklar ve dumanı tüten bir bardak çay vardı.

Şerife kahvaltısını ederken arkadaşları onu çepeçevre sarmış, gülüşüp konuşuyorlardı. Güneş yine eskisi gibi neşeli neşeli parlıyor, deniz dost bir görünüm içinde ufak dalgalarla kıyıları okşuyordu.

13. BÖLÜM

KIZ KALESİ TURLARI

"Aa, o ne biçim oturuş çocuk?" Esma Fazıla Teyze'nin sesi çınladı mutfakta.

Nilgün'e doğraması için salatalıkları bırakmıştı. Aslında bu tür işlerden fena halde sıkılan Nilgün, Esma Fazıla Teyze'yi kıramamış, ama sıkıntısından oturduğu iskemleyi ters çevirip ata biner gibi yerleşmiş, iskemlenin arkasını masaya dayamıştı. Bu durumda masanın üstünde duran salata tabağına salatalıkları doğrayabilmesi için iskemlenin arkasından abanması gerekiyordu. Gerçekten de pek rahat bir oturuş biçimi denemezdi buna.

Esma Fazıla Teyze soluk soluğa kendini Nilgün'ün yanındaki iskemleye attı. Elinde iki demet maydanoz vardı. "Of of, öldüm, bittim."

"Esma Fazıla Teyzeciğim, hani karışmak gibi olmasın ama iki demet maydanoz için onca yol yürünür mü? Ne olurdu, bugünkü salata da maydanozsuz olsaydı?"

"Ne? Neler duyuyorum?" Esma Fazıla Teyze feci bir şey duymuşçasına gözlerini açmış, Nilgün'e bakıyordu.

"Senin maydanozun yararlarından haberin yok galiba. İçinde neler var biliyor musun? Hem onun asıl adı maydanoz değildir, eskiden rahmetli büyükannem 'mide naz' derdi ona. Yani mideyi nazlayan, mideye iyi gelen anlamında. Ama tabii söylene söylene güzelim mide naz oldu sana, kaba saba bir maydanoz, ne kadar feci yarabbim, ne kadar feci..."

Nilgün dayanamayarak bir kahkaha attı. "İlahi Esma Fazıla Teyzeciğim, mide naz ha?"

Esma Fazıla Teyze, "Tabii çocuk, isimler boşu boşuna verilmemiş, bir anlamı var hepsinin. Bak sana başka bir örnek, şimdikiler pırasa deyip geçiyorlar. Oysa o pırasa, ah o pırasa," derken Nilgün içinden, şimdi pırasa üstüne bir şiir yazarsa hiç şaşmam, diye düşündü. Esma Fazıla Teyze söylevini sürdürüyordu. "Pırasanın asıl adı nedir biliyor musun? Nereden bilecek senin gibi cahil bir çocuk?" (Bak yine hakaret ediyor, diye düşündü Nilgün.) "Pırasanın asıl adı 'pür hassa'dır, yani sırf hassa, sırf yarar demek. O da söylene söylene, pür hassayken oluvermiş pırasa. Nerde o eski sözler, eski yemekler, eski bilgiler, nerdeee... Evet, çocuk, haydi oyalanma da bitir şu işi. Ay ay o salatalıkları ne biçim doğramışsın öyle kocaman kocaman. Yok çocuk yok yok, bak üzülerek söylüyorum, senin mutfak konusunda yetenekli olmadığın, çok ama çok üzücü bir gerçek. Ver şu tahtayı da bari maydanozları ben ince ince doğrayayım," diyerek Nilgün'ü serbest bıraktı.

Şerife'nin o korku verici hastalığının sona ermesiyle kampta hayat normale dönmüştü. Yine yüzme ve cimnastik dersleri başlamış, voleybol maçlarına devam edilmiş, Şükrü Amca nereden bulmuşsa bir de pinpon masası getirmiş, pinpon maçları da öğleden sonraları herkesin ilgisini çeker olmuştu.

O gün öğleden sonra da uzun süredir planladıkları ilk turistik geziyi gerçekleştireceklerdi. Şükrü Amca onların bu fikrini de pek beğenmiş ve kampın pikabıyla kamyonetini bu gezi için çocuklara vermişti. Mert arabaları sabahtan bir güzel yıkamış, gıcır gıcır yapmış, Şerife büyük beyaz bir kâğıt üzerine renkli kalemlerle ve kocaman harflerle "Kız Kalesi Turları" yazmıştı, bunu pikabın arkasına yapıştırmışlardı. İkizlerin turlar sırasında yolculara çerez dağıtma fikri uzun tartışmalara neden olmuş, kimisi bunun insanları susatacağını öne sürmüş, kimi iyi olur diye savunmasını yapmış, kimisi de, "Onlar çocuk mu ellerine çerez verelim!" demiş, genel oylamada bu fikir reddedilmişti.

Pikapla kamyonet kampın dış kapısında, tura çıkacakları saati bekliyordu. Şükrü Amca da dışarı çıkmış, her şeyin yolunda olup olmadığını kontrol ediyordu. Birden gözü pikabın arkasındaki "Kız Kalesi Turları" yazısına ilişince o ünlü kahkahalarından birini attı. "Yaman çocuklarsınız vallahi."

Gelen müşterilerin biletlerini Nilgün kesiyor, adam başı yüz lira alıyordu. Biletlerin yüz lira olması kararlaştırılmıştı, bununla gidiş geliş benzin parasını çıkaracaklardı. Kâr amacı gütmediklerine göre masraf çıksa yeterdi onlara.

Çocukların uğuru hâline gelmiş olan Esma Fazıla Teyze, torunlarından biriyle turistik gezintide bulunmak için işini gücünü, yani mutfağını ve yemeklerini bırakmış, gelmişti. Yaşlı Fransızla karısı da ilk bilet alanlardandı. Nedense Hortlak ile kocası yoktu ortalarda. Esma Fazıla Teyze fırsatı kaçırmadı. "Allah bilir, yine başına bir şeyler gelmiştir de ondan ortalarda yok, daha dün geleceğini söylemişti bana," diye bilgi verdi. Ve tabii ki anneanneyle dede en önde çoktan yerlerini almışlardı bile. İkizlerle Emre'nin sadece anneleri katılabilmişti, her iki ailenin babası iş için Mersin'deydiler o gün.

Nilgün, Elvan'a, "Bu bir turistik geziden çok, bir aile pikniğine benzedi," diye fısıldadı kıkırdayarak.

Az sonra minibüs dolmuştu. Hâlâ gelmekte olan müşterilere, çocuklar aynı hafta içinde bu geziyi tekrarlayacaklarını, minibüsün aldığı kadarıyla yola çıkmak zorunda olduklarını anlattılar, sonra da hepsi Mert'in kullandığı kamyonetin arkasına doluştular. Yola çıktıklarında keyiflerine diyecek yoktu.

Nilgün, "Oh, açık havada yolculuk ne de güzel şeymiş!" diyordu saçları rüzgârda uçuşurken.

Elvan, "Turist rehberlerinin böyle büyük başlar gibi kamyonet arkasında taşındığını da ilk kez görüyorum," diye söylendi.

Nilgün, "Pratik olacaksın kızım, pratik," dedi. "Rehber önde oturur diye bizler oraya geçsek, minibüsün yarısı doluverirdi. Bu şekilde daha çok kişiyi gezdirebiliyoruz."

Şerife, "Farkında mısınız çocuklar, ilk kez müşterilere biz yetişemedik. Yani her zaman beklediğimizden az kişi gelirdi, bu kez onlar daha çoktu," dedi.

"Öyle deme Şerife, bu bir tek cimnastik dersinde başımıza geldi, eh birazcık da yüzme dersinde. Ama voleybol maçları olanca heyecanıyla sürüyor, oynamayanlar da izlemek için geliyorlar. Çimenlik her zaman ağzına kadar dolu oluyor. Pinpon dersen, oynamak için kuyruğa giriyorlar, hoş bir tek masamız var ama olsun, yine de başı kalabalık ya... Bizim için önemli olan ilgi çekecek eğlenceler düzenleyebilmek, eh bu konuda başarımız da fena sayılmaz hani. Bugüne dek ne yaptıysak tuttu. Şimdi de bu turlar. İlk gün için gelenlerin sayısı çok iyi, hatta hepsini alamayışımıza için için sevindim diyebilirim. Hani muazzam bir kalabalık varmış da yetişememişiz gibi." Nilgün kıs kıs gülüyordu.

Elvan, "Bizleri artık kabullendiler, faaliyetleri izliyor, yeni ne yapacağız diye bekliyorlar," dedi.

O sırada Şerife, Mert'e bir işaret yaptı, Mert de hemen öndeki minibüse işaret verince iki araba da durdu. Şerife'yle Nilgün bakıştılar, görevleri başlıyordu, ikisi de çok heyecanlıydı. O gün ilk kez rehberlik yapacak, tarihi harabeler hakkında bilgi vereceklerdi. Şerife çocukluğundan bu yana duyduğu efsaneleri anlatacak, Nilgün ise kitaplardan edindiği bilgiyi buna ekleyecekti.

Şerife arabaları, Mersin-Silifke arasında uzanan düzgün yol

boyunu dantel gibi süsleyen irili ufaklı kıyılardan birinde durdurmuştu. Nefis bir koydu bu. İki yanı çamlık ve kayalıklarla kaplıydı. O zümrüt yeşilinin ortasında, dibindeki taşlar görünürcesine berrak sular yeşille mavi arası bir renkteydi. Koyun karşısındaysa, tüm görkemiyle ada ve üzerindeki kale yükseliyordu. Şerife'nin arabaları bu noktada durdurmasının nedeni, Kız Kalesi'ne en yakın yer oluşuydu.

Çocuklar minibüsteki yolcuların inmesine yardım ettiler. Sonra hep birlikte yol kenarından koya inildi. Kimisi bir değnekle sulara vuruyor, Emre yassı taşları suların üzerinde sektirmeye çalışıyordu.

Nilgün konuşmaya başladı. "Sayın bayanlar ve baylar, size elimizden geldiğince bildiklerimizi aktarmaya çalışacağız. Tabii bu arada dil sorunumuz var, onu da okuldan öğrendiklerimiz kadarıyla çözümlemeye çalışacağız ama içinizde bize yardımcı olabilecekler varsa, bu da bizi sevindirir. Şimdi arkadaşım Şerife, size eski adıyla Korikos ya da Kız Kalesi Efsanesi'ni, yani şu karşıda gördüğünüz adanın öyküsünü anlatacak," dedi. Yanakları pespembe olmuştu.

Şerife derin bir soluk alıp söze başladı. "Tüm bu gördüğünüz yerlere eskiden Korikos denirmiş, karşıdaki adaya da Elosa Adası. Korikos zengin bir liman kentiymiş. Gemiler Hint'ten, Çin'den getirdikleri malları önce buraya uğrayıp satar, sonra Avrupa'ya doğru yollarına devam ederlermiş. Bazı tüccarlar da, başka yerlere satmak üzere küpler dolusu zeytinyağı, üzüm ve diğer meyvelerle gemilerini doldururlarmış. İşte bu nedenlerle Korikos, her boyda yelkenli ve gemilerle dolup taşan canlı ve zengin bir ticaret limanıymış. Halkı bolluk ve huzur içinde yaşarmış."

Şerife bir an durunca, Nilgün yanı başında fısıldadı. "Çok güzel gidiyor, aslan kardeşim benim." Şerife ona gülümsedi, arkadaşının bu sözleri onu yüreklendirmişti. Yine derin bir soluk alıp daha dik durarak öyküsüne devam etti. Dinleyicilerin kimi bir taşın üzerine oturmuş, kimi elleri cebinde, ayakta ilgiyle dinliyorlardı.

"Korikos'un iyiliksever ve adaletli bir kralı, bu kralın da çok güzel bir kızı varmış. Prensesin altın sarısı saçları, menekşe rengi gözleri ve kusursuz vücudu dillere destanmış o çevrede. Ayrıca babası gibi iyi huylu, iyi kalpliymiş de.

"Günler deniz kıyısında, yeşillikler içindeki bu güzel kentte tatlı tatlı akıp giderken, bir gün, ünlü bir falcı gelmiş kente. Herkeste bir telaş...

"Fallarına baktırmak için kuyruk oluyor, saatlerce bekliyorlarmış. Falcının ünü saraya da ulaşmış. Bu kadar heyecana neden olan falcıyı kral da görmek istemiş ve sarayına çağırtmış. Falcının hatırını sorup onunla bir süre konuştuktan sonra elini uzatarak, 'Bak bakalım falcı, elimde neler görüyorsun?' demiş. Kralın eline bakan falcı, sapsarı kesilmiş ve kekelemeye başlamış. Kral, 'Haydi, ne duruyorsun, söylesene!" dedikçe o kaçamak yanıtlar veriyormuş. Sonunda kral, 'Emrediyorum, ne görüyorsan bana söyleyeceksin. Hem merak etme, ben söylediği kötü şeylerden dolayı falcıları cezalandıran krallardan da değilim,' diye ısrar etmiş.

"Falcı, 'Efendimiz, biricik güzel kızınızı bir yılan sokacak ve onu öldürecek," deyince kral ne diyeceğini şaşırmış.

"'Biricik kızımın bir yılan tarafından öldürülmesine izin veremem. Elimden gelen her şeyi yapacak ve bunu önleyeceğim,' diye karşı çıkmış.

Falcı, 'Ne yazık ki yapacağınız hiçbir şey bu yazgıyı değiştirmeyecektir, efendimiz,' demiş. Demiş ama derin bir üzüntüye boğulan kral yine de çareler aramaktan vazgeçmemiş. Düşünüyor, durmadan düşünüyormuş.

"Bir gün yine Korikos Sarayı'nda oturmuş düşünürken birden gözü karşıdaki küçük adaya ilişir. Elosa Adası'dır bu. Kral heyecanla yerinden fırlar. 'Nasıl da düşünemedim bugüne dek!" diyerek hemen Elosa Adası'na bir güzel saray yapılmasını emreder. Kızını denizin ortasındaki bu sarayda yaşatacak, böylece yılanlar ona erişemeyeceklerdir. Yüzlerce işçi çalışır, sonunda Elosa Adası'nda gerçekten görkemli bir saray yükselir."

Elvan, Emre'yi dürterek, "Senin iskeletli adaya hiç de benzemiyor bu anlatılan," diye fısıldadı. Emre tam cevap verecekken, yaşlı Fransız parmağını dudaklarına götürerek "sus" işareti yaptı ve Şerife'yi gösterdi.

"Kral adayla kent arasında bir köprü yaptırır, iki ucuna da muhafızlar yerleştirir. Denetlenmeden kentten hiçbir şey ve hiç kimse adaya giremeyecektir. Kızının kente gelmesiyse kesinlikle yasaktır. Bu arada, güzel kızının canı sıkılmasın diye ona müzisyenler, arkadaşlar, çeşit çeşit, birbirinden göz alıcı giysiler yollar.

"Günler böyle akıp giderken bir gün kral kızının canı üzüm ister, bunun üzerine kentin dışındaki bağlardan üzümler özenle toplanır, fakat bu arada küçük bir boz yılan sepetlerden birinin dibine, yaprakların arasına saklanır, kimse de farkına varmaz.

"Üzüm sepetleri adaya götürülüp güzel prensese sunulur. Prensesin iri taneli bir üzüm salkımını almasıyla, sepetin üstüne doğru çıkmış olan yılan onu bileğinden sokar. Genç kız elindeki salkımı fırlatıp atar ama iş işten geçmiştir. Acı haber duyurulduğunda kral koşup gelir, fakat o gelene kadar güzel kızı ölmüştür. O günden sonra bu adaya ve yöresine halk Kız Kalesi adını takmış, buralar hâlâ bu adla anılır."

Şerife öyküsünü bitirir bitirmez ekledi. "Şimdi de arkadaşım Nilgün, bazı kitaplardan elde ettiği bilgiyi sizlere sunacak."

Nilgün elindeki küçük kâğıda bir göz attıktan sonra, "Korikos İlk ve Orta Çağlarda önemli bir limandı. Buradan sırasıyla Etiler, Yunanlılar, Romalılar, Bizanslılar, Haçlılar, Selçuklular ve Osmanlılar gelip geçmişler. Kıyıdaki Korikos Kalesi

Haçlılar devrinde, adadaki saray ise Roma Kralı Arhaus tarafından yaptırılmış. Korikos Kentini 1448 yılında Karamanoğlu İbrahim Bey zaptetmiş. Osmanlı sultanlarından Cem, Rodos Adası'na sürgüne gönderilmeden önce Kız Kalesi'nde konuk olmuş, yurdundan ayrılmadan önce en güzel şiirlerini burada yazmış," dedikten sonra susunca küçük topluluktan bir alkış yükseldi.

Anneanne gururla etrafına bakınıyordu. "Nilgün, yabancılara da anlat," deyince Nilgün yaşlı Fransız karı kocaya Fransızca olarak az önce anlattıklarını yineledi. Yaşlı Fransız az önce yüzünde bir gülümsemeyle onları dinlemiş, anlamadığı halde candan alkışlamıştı, şimdi öyküyü o da biliyordu.

Nilgün, "Öf ne zormuş bu rehberlik. Dün gece o kadar ezberlediğim halde, anlatırken unutuvereceğim diye ödüm koptu," diyordu.

Anneanne, "Torunum diye söylemiyorum ama değme rehberlerden iyi anlattı," diye böbürleniyordu. Dede o sırada hararetle Şerife'yi kutlamakla meşguldü.

Bu küçük açıklamadan sonra tekrar minibüse binildi ve "Cennetle Cehennem" diye anılan bölgeye doğru yola çıkıldı. Cennet ve Cehennem diye adlandırılan büyük çukurların olduğu yere gelince yine araba durdu, herkes aşağı indi.

Şerife Cennet'e ulaşabilmek için yüz küsur basamak hem de dik basamak inilmesi gerektiğini söyleyince grupta bir gürültüdür koptu.

Esma Fazıla Teyze homurdanıyordu. "Siz beni öldürmek mi istiyorsunuz? Haydi diyelim indim, sonra nasıl çıkarım canım?"

Dede, Esma Fazıla Teyzeye, "Biz şuradaki kahvede oturur, onları bekleriz," dedi. Bu öneri Esma Fazıla Teyze'nin çok hoşuna gitmişti.

Nilgün karşı çıktı. "Ama dedeciğim, Şerife bari Cehennem'i göstersin sizlere. Oraya inmek gerekmiyormuş, sadece biraz yürüyüp bakacaksınız."

Bunun üzerine hep birlikte önce Cehennem'e gidilmesine karar verildi. Kısa bir yürüyüşten sonra karşılarına ansızın çıkan derin ve büyük çukur, gerçekten korku vericiydi. Bir kez, tümüyle çıplak kayalardan oluşuyordu, tek bir ağaç yoktu çukurun içinde. Bu kayalar sivrilerek çukurun içinden yukarılara doğru yükseliyorlardı.

İrem ürperdi. "Ayy, baktıkça sanki yukarı doğru uzanan bu kayalar beni kapıp aşağı çekecekmiş gibi geliyor. Ne korkunç yer burası böyle."

"Adına boşuna Cehennem dememişler," dedi Elvan da.

Şerife büyüklere doğru döndü. "İşte Cehennem çukuru burasıdır. Bu çukurdan, gördüğünüz gibi, çıkma olanağı yoktur. Korkunçluğu bu gerçekten kaynaklanıyor olsa gerek. Eskiden suçluları bu kayalıklardan aşağı fırlatırlarmış, suçlu kayalara çarpıp parçalanarak ölmese bile, çukurdan çıkamayarak yavaş yavaş ölürmüş. İşte bu nedenle, buraya Cehennem denmiş."

İrem, "Haydi gidelim buradan, baktıkça aşağı düşecek gibi oluyorum," dedikten sonra en önden yürüdü. Küçük kır kahvesinin olduğu yere gelince grup ikiye bölündü. Aşağı inecekler ve onları kahvede bekleyecekler. Dede kahvede kalacaktı. Defne'yi de alıkoymak istiyordu fakat Defne "İlla da ineceğim" diye tutturmuştu bir kez.

Sonunda onu da alarak yavaş yavaş inmeye başladılar. Yaşlı Fransız en önde gidiyordu, onun arkasında Esma Fazıla Teyze'nin torunu ve çocuklar, en arkada da el ele tutuşmuş olarak anneanne ve Defne.

Burası da büyük bir çukurdu, tıpkı Cehennem gibi, ama kayaların arasından fışkıran küçük ağaçların yaprakları ve yeşillikleri, kayaların sert görünümünü yumuşatıyordu. Ayrıca yukarıdan aşağı doğru inildiğinde, tüm ağaçlar da aşağıda olduğundan onları önce tepeden görmek, sonra da yavaş yavaş yaklaşarak her sette değişik açılardan izleyebilmek garip ve değişik bir görünüm oluşturuyordu.

Şerife sordu. "Yapraklardan örülmüş bir perdenin kıvrımları arasına girer gibi oluyor insan değil mi?" Ama ötekiler bu değişik manzaraya kendilerini öylesine kaptırmışlardı ki Şerife'ye cevap veren olmadı.

Yaşlı Fransız acele etmeden yavaş yavaş iniyor, her adımda etrafını inceliyor, kısaca, bu işin tadını çıkarıyordu.

Az sonra küçük grup çukurun dibindeki düzlükteydi. Herkes bir yerlere oturup dinlenmeye başladı. Şerife düzlükteki kilise harabesini göstererek, "Hıristiyanlığın yasak olduğu dönemlerde bu kilise buraya yapılmış olmalı," diye bir yorum yaptı.

Nilgün, "Sanmam, kitapta kilisenin on ikinci yüzyıldan kalma olduğu yazılı," dedi.

Şerife tezini savundu. "Olabilir Nilgün, çünkü bu yerler hakkında ne yazık ki kesin bilgi yok. Aynı yer için değişik değişik öyküler anlatılır, değişik tarihler verilir."

Yaşlı Fransız cebinden gözlüğünü çıkarmış, kilisenin duvarlarında kalmış renkli mozaikleri inceliyordu. Hayret ve hayranlıkla başını sallayarak Nilgün'e bir şeyler söyledi. Nilgün de az sonra arkadaşlarına tercüme etti. "Onca yıl ötesinden böyle bir eserin, duvarlardaki resimlerin kalabilmesine ve hepsinin ötesinde, böyle bir eserin sanki sıradan bir şeymiş gibi burada böylece durmasına, ona hiçbir özen gösterilmemesine şaşıyor."

Emre, "Tabii onlar olsaydı, yüz kilometre öteden, işaretlerle başlarlardı, geldik geldik geliyoruz diye yazmaya. Burayı da telleyip pullayıp broşürler basarak, fotoğraflarını satarak dünyaya ilan ederlerdi," dedi.

"Emre, alay etme. Bunlar az ülkede bulunur değerde tarihi eserler. Fransızın hakkı var, daha bir özen gösterilmeli."

"İyi ama tatlı kardeşim, senin taşın toprağın, her yerin tarih, nasıl başa çıkarsın!"

"Orasını düşünmek bize düşmez; ne bileyim nasıl ama yine

de bir yolu olmalı. Hem ben sadece onun söylediklerini aktardım, seninle de tartışacak değilim."

Az ilerideki mağaradan su sesi geliyordu. Şerife anlatmaya koyuldu. "Bu gördüğünüz mağaranın içinde tatlı su akar ve o su bir yerlerde kaybolur. Mağaranın içi ışıklandırılmamış olduğundan suyun nereye gittiği gözle görülemez. Yalnız bilinen gerçek, bu suyun az ilerideki Narlıkuyu denen yerden tekrar çıkarak denize döküldüğüdür. Bu suya Cennet Suyu da derler, Us Suyu, yani akıl suyu da. Bu sudan içenler akıllı olurlarmış. Mutlu, sağlıklı, hatta güzel olabilmek azıcık da olsa insanların elindeymiş ama akıl, işte o, sadece ve sadece Allah vergisiymiş. Bu suyun insanı akıllı yaptığına inananlar gelip bu sudan içerlermiş. Narlıkuyu diye anılan yerde bir zamanlar Us, yani Akıl Çeşmesi yapılmış. O zamanın kızları hem daha akıllı hem daha güzel olmak için gelir, bu sudan içerlermiş, tabii zamanla çeşme yıkılmış. Şimdi orada bir şey yok ama gelip geçenler bazen ilginç bir manzarayla karşılaşırlar. Bir bakarlar, keçiler deniz suyu içiyorlar, oysa keçilerin içtiği deniz suyu değil, Cennet Mağarası'ndan gelen Akıl Suyu'nun denize döküldüğü yerdeki tatlı sudur."

Şerife anlattıkça, Nilgün de bunları Fransız karı kocaya iletiyordu. İkisi de büyük bir ciddiyetle dinledikten sonra, Fransız mağaranın içini de gezmek istediğini söyleyerek ayağa kalktı. Karanlık mağaranın içine girmek isteyen gönüllü sayısı azdı. Sonunda yaşlı Fransız, yanında cesur Emre, Nilgün ve Esma Fazıla Teyze'nin torunuyla mağaraya girdi. Neyse ki yanında elektrik feneri getirmişti.

Nilgün, Emre'ye, "Ne tedbirli adam, baksana ne gözlüğünü almayı unutmuş ne elektrik fenerini," diye fısıldadı.

"Evet," dedi Emre de. "Bu bize bir örnek olmalı, bir yere giderken gereksinmelerimizi düşünüp ona göre yola hazırlıklı çıkmalıyız. Hoş bu bakımdan ben de pek fena sayılmam; ya adadaki gecede yanımda kibrit olmayaydı, hepinizin vay halineydi," diye muzip bir tavırla böbürlendi.

Mağaranın içinde fazla bir şey yoktu. Suyun şırıltısı daha belirgin, duvarlar nemliydi. Dışarı çıktıklarında gözleri bir an kamaştı. Herkes yeterince dinlenmişti, yavaş yavaş yukarı çıkmaya başladılar. Çıkış doğal olarak çok daha güçtü. Hele Defne ikide bir dinlenme molası istiyordu, ama vakit de ilerliyordu, daha Narlıkuyu'daki hamam kalıntısını göreceklerdi.

Ahlaya oflaya herkes kendini kır kahvesine attığında, Esma Fazıla Teyze'yle dedenin çay içerek tatlı bir sohbete daldıklarını gördüler. Herkes bulduğu iskemleye serildi adeta. Birer çay içtikten sonra kendine gelebilen grup yine minibüse bindi ve bu kez Narlıkuyu yolu tutuldu. Fazla uzak olmayan bu yere geldiklerinde, Şerife hamam kalıntısını gösterdi. Ama bu, yerde toz içinde uzanan beyazımsı bir düzlükten başka bir şey değildi. Herkes ona, yani bize göstere göstere bu tozlu taş yeri mi gösteriyorsun dercesine bakıyordu. Şerife etrafına bakındı, yaşlı bir adam ayaklarını sürüye sürüye onlara doğru geliyordu.

Şerife, Emre'ye "Haydi konuş" dercesine işaret edince Emre gözleri keyiften ışıl ışıl seslendi. "Nasılsın amca?"

"Çok şükür canımız sağ, yeğenim. Bunlar Üç Güzeller'i görmeye mi gelmişler?"

"Evet, amca. Bize bir kova su döker misin?"

Nilgün şaşkın şaşkın arkadaşlarına bakıyordu. Şerife'yle Emre ne yapmak istiyorlardı? Adam peki dercesine başını salladı. "Görsünler bakalım," dedikten sonra yine ayaklarını sürüye sürüye gidip bir kova su getirdi. Yerdeki düz taşın başına gelip Emre'ye, "Dökem mi, yeğenim?" dedi.

Şerife atıldı. "Bir dakika, amca." Sonra diğerlerine dönerek, "Lütfen herkes buraya gelsin ve yerdeki taşa, daha doğrusu hamamın tabanına dikkatle baksın!" diye seslendi ve yaşlı adama dönerek, "Dök, amca," dedi. Adam iki eliyle kovanın suyunu olanca hızıyla taşın üstüne boşalttı. Aynı anda o düz taşta büyük boyda nefis bir mozaik belirdi. Suların yıkamasıyla, tozlar altında saklı duran bu görkemli eser ortaya çıkmıştı.

Şerife, "İşte hamamın tabanını oluşturan bu mozaik süsleme, Üç Güzeller'i gösteriyor," dedi gururla. Herkes, hele de yaşlı Fransız karı koca, bu nefis eseri hayranlıkla inceliyorlardı. Üç güzel kadın resmiydi yerdeki, üzerlerinde eski Yunan giysileri vardı.

Nilgün de çok heyecanlanmıştı, dizlerinin üzerine çökerek, "Dur, dur ne olur söyleme, ben bileyim, eğer yanlışım varsa beni uyarırsın," dedi.

"Ama Nilgün, bırak da Şerife anlatsın," dedi Elvan.

Şerife, "Ziyanı yok, ziyanı yok. Bakalım bilecek mi?" dedi.

Nilgün heyecanla mozaiğin üzerine eğilip "Bu Zekâ ve Sanat Tanrıçası Athena, başlığından tanıdım. Bu, Güzellik ve Aşk Tanrıçası Afrodit, bu da Saflığın, Sadakatin Tanrıçası Hera olmalı," diye bir çırpıda sayıverdi.

"Evet, Nilgün, doğru. Bu bölgeye, halk arasında Üç Güzeller denmesi, bir bakıma bu mozaikten ileri geliyor. Bunlar Athena, Hera ve Afrodit."

Fransız bu kez başını iki yana sallayarak gülmeye başlamıştı, bir yandan da bir şeyler söyleniyordu.

Çocukların hepsi merak ederek sordular. "Ne diyor Nilgün?"

"Niye gülüyor?"

"Böylesine değerli bir eserin toz tabakası altında uyuyup bir kova suyla ortaya çıkmasını bir türlü aklı almıyor. İnanılır gibi değil, inanılır gibi değil, diye yineleyip duruyor," diye açıkladı şaşkın şaşkın yaşlı Fransıza bakan arkadaşlarına.

Gezi sona ermişti. Yaşlı adama, "Sağ ol amca," diye teşekkür edip vedalaştılar. "Siz de sağ olun, yeğenlerim," diyen yaşlı adam bir süre arkalarından el salladı. Yolcular minibüste, çocuklar da kamyonetin arkasında kampa doğru yol alırken, yavaş yavaş gün batıyordu.

Şükrü Amca'yı benzin istasyonunda onları bekler buldular. Kız Kalesi turlarının nasıl geçtiğini sordu. Şükrü Amca Bunun üzerine Fransız yine bir şeyler söyledi.

Nilgün kızararak, "Şükrü Amca, böyle rehberlerin olduğu için çok şanslı olduğunu, bu ilginç yerleri bizim sayemizde gördüğü için ne kadar mutlu olduğunu söylüyor ve bizleri kutluyor," dedi.

Şükrü Amca gülerek, "Aslanlarım benim. Bu emekleriniz için sizlere öyle bir tatlı hazırlattım ki ımmmm, parmaklarınızı yiyeceksiniz parmaklarınızı," deyince kıyamet koptu. Hepsi el çırpıyor, bağrışıyorlardı. "Yaşa."

"Ne tatlısı, Şükrü Amca?"

"Ne olur söyle, Şükrü Amca, ne tatlısı?"

Şükrü Amca gözlerini iri iri açtı. "Yooook, bu bir sürpriz, söylesem söylesem, adını söyleyebilirim."

"Peki, bari adını söyle, Şükrü Amca!" diye bağırıştılar bu kez.

Şükrü Amca eğildi, onları parmağıyla yanına çağırıp kimsenin duymasını istemezmiş gibi fısıldadı. "Şükrü Amca tatlısı." Onların şaşkın bakışlarını görünce bir kahkaha patlattı, çocuklar bu kez üzerine saldırdılar.

"Şükrü Amca, bizimle alay ediyorsun."

"Yok yok, vallahi değil. Tatlıyı özel hazırlattığım için adını da ben koydum. Fazla soru sormayın, akşama yiyeceksiniz nasıl olsa."

Herkes odalarına dağılırken Şerife'yle Nilgün de iyi bir iş yapmanın mutlu yorgunluğu içinde çadırlarının yolunu tuttular.

14. BÖLÜM

EMRE KAMPTAKİ HIRSIZI YAKALIYOR

Nilgün düzgün kulaçlarla yüzüyordu. Bir süre sonra sırt üstü döndü ve kendini öylece suyun üstünde bıraktı, güneşin sıcaklığı yüzünü, göğsünü ısıtıyor, deniz suları tatlı bir serinlikle vücudunu kavrıyordu. Tekrar yüzmeye başladı, bu kez daha ağır kulaçlarla etrafını seyrederek yüzüyordu. Karşıdaki harabeler, Kız Kalesi Adacığı, yemyeşil kıyılar ne kadar da güzeldi.

Birden kıyıda Emre'nin telaşla havlusunu sallayarak kendisini çağırdığını gördü. Bu kez sırt üstü yüzerek kıyıya yöneldi, aynı anda ayaklarını vurarak çıkardığı beyaz köpüklerin billurdan iri taneler halinde dökülüşünü keyifle izliyordu.

Emre onu kampın diğer ucundaki kayalarda bekliyordu. Nilgün kayaların arasından süzülerek kıyıya ulaştı ve bir zıplayışta, kenara çıktı. Soluk soluğaydı. Emre koşa koşa yanına geldiğinde gözleri her zamanki gibi ışıl ışıldı.

"Müthiş bir haberim var."

"Ne var?"

"Kampta şüpheli bir adam var. Geçen günkü hırsızlığı yapan o olmasın diye düşündüm. Hani Şükrü Amca söz ediyordu geçen gün. Çadırlardan eşya çalınmıştı ya..."

"Haa, evet."

"Aman ne kadar da sakinsiniz, sultanım. 'Haa, evet'miş, sana buralarda şüpheli bir adam dolaşıyor diyorum, hırsızlıklar oluyor diyorum, şu cevaba bak."

"Ay Emre, dur da bir soluk alayım, kendime geleyim."

"Öyle motor gibi ardından köpükler bırakarak yüzersen, tabii böyle soluksuz kalırsın."

"Adamın nesinden kuşkulandın?"

"Hah, işte şimdi kafan çalışmaya başladı. Bir kez plaj civarında dolanıp duruyor ama vücudu hiç yanmamış, bembeyaz. Burada kalanların hepsi yanmış. Sonra yapayalnız, ne ailesi var ne bir şey. Bu da etti ikinci kanıt. Aleyhine üçüncü kanıt ise hep etrafı inceliyor, her yere bakıyor. Oysa sıradan müşterilerin hepsi kendi âleminde."

"Kim bilir, belki de haklısın. Nerede şimdi bu adam?"

"Gel, gidelim. Az ileride."

İki çocuk birlikte yürüdüler. Gerçekten de az ileride toprak yolda, siyah mayolu, bembeyaz vücutlu bir adam dolaşıyor, sağa sola bakınıyordu. Çocuklar çalılıkların arasına sinerek onu izlemeye başladılar. Toprak yola yakın bir yerde kampın kamyoneti duruyordu. Adam bir süre kamyonetin etrafında dolaştı, sonra girip altına baktı, daha sonra geçip içine oturdu, tekrar dışarı çıkıp etrafına bakındı, ama sürekli kamyonetin etrafında dolanıyor ve etrafı gözlüyordu.

Durum Nilgün'ü de kuşkulandırmıştı. "Emre, sanırım haklısın."

"Sakın kamyoneti çalmayı düşünüyor olmasın?"

"Acaba Şükrü Amca'ya haber versek mi; ama ya yanılıyorsak, Emre?"

"Ama ya yanılmıyorsak? Bak, kanıtlarımı sıraladım. Hiç yanmamış bu bir, etrafı inceleyip duruyor bu iki, kimsesi yok, bu da üç. Tüm bunlar sana garip gelmiyor mu?"

"Denize girmiyor, güneşte de yatmıyor."

"Ya gördün mü bak. Haydi gidelim Şükrü Amca'ya haber verelim."

"Haydi."

"Koş, Nilgün, adamı kaçırmayalım."

İki çocuk koşarak restoranın yolunu tuttular, Şükrü Amca'yı bulup ona kuşkularını anlattılar, Şükrü Amca adamın bulunduğu yeri iyice anladıktan sonra konuştu. "Çocuklar, siz şimdi gidin ve hiçbir şey olmamış gibi davranın. Ben de hemen adamları oraya yollayayım."

Nilgün'le Emre yine koşarak deniz kenarına indiler, merak içinde çalılıkların gerisine saklanarak olacakları beklemeye koyuldular. Az sonra kamyonetin olduğu yerde, üç ayrı yönden üç temizlik işçisi belirdi, yavaş yavaş yürüyorlardı. Hâlâ kamyonetin etrafında dolanmakta olan adamı görünce bu kez hızlanarak ona doğru yürüdüler. Adam kendisine doğru gelen işçileri görünce şaşırdı, bir sağına bir soluna bakındı, olduğu yerde kalakalmıştı. Yavaş yavaş gerilemeye başladı, bir ara da dönüp çabucak arkasına baktı ve tekrar olduğu yerde donakaldı, çünkü arkasından da bir başka temizlik işçisi ona doğru yaklaşmaktaydı.

Çalılıklara sinmiş olan çocuklar bu sahneyi soluk almaktan korkarcasına izliyorlardı.

Emre, "Şimdi kıyasıya bir dövüş izlemeye hazırlan," dedi, heyecanlı bir film seyrediyordu sanki.

Adam çaresizlik içinde etrafına bakınırken temizlik işçileri ansızın hızlanıp üzerine çullandılar, ikisi iki yandan kollarına yapışmışlardı. Adam iyice şaşırmıştı, hiç direnmedi ama durmadan bir şeyler anlatıyordu. Çocuklar bulundukları yerden konuşulanları duyamıyor, sadece hareketlerinden bir şeyler çıkarmaya çalışıyorlardı. İşçiler başlarını salladılar "olmaz" dercesine ve adamı çekerek lokantanın yolunu tuttular. Adam itile kakıla götürülürken hâlâ bir şeyler anlatmaya, kollarını kurtarmaya çalışıyordu.

Çocuklar sessizlik içinde, bir süre onların arkasından baktılar, gerçek bir hırsız polis sahnesine tanık olmuşlardı. Önce Emre kendini toparladı. "İşte artık herkes benim bu casusluk işinde ne denli yetenekli olduğumu anlayacak. Ve hele de siz kızlar umarım ikide bir yakama yapışıp beni çalışmalarımdan alıkoymazsınız bundan böyle. O Göçmen Dayı'ya da edilecek bir iki sözüm olacak. Hırsızı yakaladığıma göre eh, bu gece özel bir tatlıyı hak ettim sanırım."

"Şuna bakın, amma da böbürleniyor..."

"Böbürlenmekte haksız mıyım? Ha, söyle, söyle..."

Nilgün bir an Emre'nin ışıl ışıl yanan gözlerine baktıktan sonra konuştu. "Haklısın Emre, haydi gidip bu büyük olayı arkadaşlara da anlatalım."

Çalılıklardan çıkıp plaja yöneldiler. Orada Şerife'yle ikizleri bulup bu heyecan verici olayı ayrıntılarıyla, birbirlerinin sözünü kese kese anlattılar. Ötekiler de heyecanlanmış ve şaşırmışlardı, herkes Emre'yi kutluyordu. Elvan, "Çocuklar, yukarı çıkıp işin gerisini öğrenmeye ne dersiniz?" deyince bunu ilk kabullenen Emre oldu. Sabırsızlıktan yerinde duramıyordu. Yine lokantanın yolunu tuttular.

Yukarı geldiklerinde görünürlerde kimseler yoktu. Garsonlardan birine Şükrü Amca'yı sordular, garson, "İçeride oturuyor," deyince hep birlikte Şükrü Amca'nın özel masasına yöneldiler. Şükrü Amca mayolu bir genç adamla karşı karşıya oturmuş konuşuyor, arada bir de kahkaha atıyordu. Masaya yaklaşınca Emre'yle Nilgün korkunç bir şey görmüşçesine oldukları yerde kalakaldılar. Ötekiler onların bu duraksamasına bir anlam verememiş, soran gözlerle birbirlerine bakıyorlardı. Şükrü Amca'nın karşısında oturan adam, az önce yakalattıkları hırsızdı. Şükrü Amca onu polise teslim edeceğine karşısına almış, gülüyor, konuşuyordu. Birden karşısında beliren çocukları görünce bir kahkaha atarak onları yanına çağırdı. Öte yandan Emre'yle Nilgün hâlâ hortlak görmüşçesine oldukları yerde duruyorlardı. İkizlerle Şerife bir Şükrü Amca'ya, bir de Emre'yle Nilgün'e bakıyor, neler döndüğünü anlamaya çalışıyorlardı.

"Gelin, gelin bakalım benim koruyucu meleklerim. Demek hırsızı yakaladınız, aferin size!" dedikten sonra garsona seslendi. "Oğlum, herkese bir çay getir. Çocuklar, siz de oturun bakalım. Size Ahmet'i tanıtayım, yeni işe aldığım şoför arkadaş, bunlar da benim yardımcılarım," deyince Ahmet başıyla onları selamladı. Emre'yle Nilgün'den başka herkes Ahmet'i selamladı. Onlar hâlâ şaşkın bakışlarla Şükrü Amca'ya bakıyorlardı.

Şükrü Amca gülerek konuşmasını sürdürdü. "Bir yanlışlık olmuş. Emre'yle Nilgün, Ahmet'i hırsız sanmışlar, haklılar da, çünkü buraya geleli ancak bir gün oldu. İşçiler de onu tanımıyorlardı. Ahmet'in kampı tanıyıp her yerini öğrenmesini ben istemiştim. Onun etrafı inceliyor olması sizin, benim koruyucu meleklerimin dikkatli bakışlarından kaçmamış ve kuşkulanmanıza neden olmuş. Adamlar onu buraya getirince iş açığa çıktı."

Emre mosmordu, Nilgün ise Emre'ye öldürücü bakışlar fırlatıyordu. Onların bu haline gülen Şükrü Amca, "Dert etme Emre, olur böyle şeyler. Sizlere yine de teşekkür ederim, her zamanki gibi bana yardımcı olmaya çalışıyordunuz," dedi

Ahmet kendini yakalatanlara gülümseyerek bakıyor, sessizce çayını içiyordu. Esmer, temiz yüzlü bir Anadolu çocuğuydu.

Şerife'yle ikizler kıkırdaşmaya başlamışlardı. Emre'yle Nilgün ise mahcup mahcup susuyorlardı. Şükrü Amca konuştu. "Haydi, haydi, gülün bakayım, ne var bunda üzülecek."

Emre, "Ama doğru yaptığımdan o kadar emindim ki..," dedi yavaşça, büyük bir düş kırıklığı içindeydi.

Şükrü Amca onun neler hissettiğini anlayarak konuştu. "Canım bu kez böyle olmuş. Sen bizim kamptaki casusu bulmaya bak. Hem ben eminim, onu yine sen bulacaksın."

"Ama Şükrü Amca, onu da bir türlü bulamıyorum. O genç İsviçreliyi o kadar izledim, pek bir şey çıkmadı. Oysa şimdi hiç olmazsa hırsızı buldum diye ne kadar da sevinmiştim." Emre'nin bu sözü üzerine başta Ahmet, herkes kahkahayı bastı.

Şükrü Amca, "Yılmak yok, Emre. İnsan bir başarısızlıkla işi bıraksaydı, benim şimdi değil bu tesis, bir dikili ağacım bile olmazdı. Önemli olan mücadeleden vazgeçmemektir. Başarı nasıl olsa arkadan gelir. Haydi artık sizler doğru denize, ben de işimin başına," dedikten sonra küçük grup dağıldı.

Nilgün, küçüklerin yüzdüğü havuza geldiğinde tanıdık bir sesin avaz avaz ağladığını duydu. "Eyvah, bizimki yine bir şey yaptı!" diyerek sesin geldiği tarafa doğru seğirtti. Anneanne, ağlayan Defne'yi elinden tutmuş, duşlara götürüyordu. Defne'nin üstü başı kahverengi lekeler içindeydi.

"Ne oldu, anneanneciğim? Nesi var Defne'nin?"

Anneanne konuştu. "Ne olacak, yine o kendine özgü deneylerden birini uygulamış, sonuç ortada."

Nilgün de onlarla birlikte duşlara yürüyerek sordu. "İlahi Defne, bu kez neyi denedin?" Ama Defne büsbütün ağlamaya başlayınca anneanne onun yerine açıklama yapmak zorunda kaldı.

"Kumda Müzeyyen'le oynuyorlarmış."

"Yine mi Müzeyyen! Bu gariplikler de hep onunlayken oluyor," dedi Nilgün.

Defne ağlamasını kesip hışımla, "Müzeyyen'in kabahati yok. Hem o benim en sevdiğim arkadaşım ve çok da akıllı bir kız," dedi.

Nilgün, "Peki peki, sözümü geri aldım. Müzeyyen senin en sevdiğin arkadaşın ve çok akıllı bir kız," deyince Defne ağlamasına kaldığı yerden coşkuyla devam etti.

“Defne bir ara kumların üzerine sırtüstü yatmış. Sonra susamış, Müzeyyen ona bir meyveli gazoz vermiş ama Defne kalkıp içmeye üşenmiş, güneşin altında öylesine tatlı tatlı yatıyormuş. Müzeyyen'e, 'Yattığım yerde içsem ne olur?' demiş. Müzeyyen de, 'Nasıl istersen,' diye yanıtlamış. Bizim Defne de yatarak gazoz içmenin keyifli olacağını düşünmüş ve yattığı yerden şişeyi başına dikmesiyle üstü başı gazoz içinde kalmış, saçları yapış yapış olmuş. Tabii ağlayarak yanıma geldi. İşte sorun bu.”

Nilgün, Defne'yi kızdırmamak için kendini tutuyor, gülmemeye çalışıyordu. Anneanneyle Defne bir duşa girerken, o da bir başkasına girerek bir güzel yıkandı. Öğle yemeğine, Esma Fazıla Teyze'ye davetliydiler Şerife'yle birlikte. Esma Fazıla Teyze enfes salça soslu sosisli makarna pişirdiğini, mutlaka yemeğe gelmelerini sıkı sıkıya tembihlemişti. Bir yandan da Esma Fazıla Teyze'ye Emre'yle, Defne'nin bomba haberlerini nasıl ballandıra ballandıra anlatacağını düşünürken kıkırdamaktan kendini alamıyordu.

15. BÖLÜM

FIRTINANIN GETİRDİĞİ KÖPEK

Şerife uykusunda rahatsız rahatsız öbür yanına döndü. Derken iri bir damla alnına düşünce uyandı. Bir an yattığı yerde kaldı, ne oluyordu, niye uyuyamıyordu? Zaten akşamdan beri baskın bir hava içini sıkıp durmaktaydı. Tam tekrar dönüp uyumaya çalışacakken bu kez eline düşen bir damla su onu iyice uyandırdı. Dışarıdan da ne çok gürültü geliyordu. Yatağında doğruldu, dinlemeye başladı. Uyku sersemliği geçince gürültü diye düşündüğü seslerin, rüzgârın uğultusu, yağmur şakırtısı ve bu rüzgârda sallanıp duran çadırın bezleri olduğunu anladı. Galiba bir fırtına çıktı yine, dışarıya bir bakayım diye düşünerek ayaklarını yere sallandırmasıyla, "Ayy!" diye bağırması bir oldu. Ayakları buz gibi sulara değmişti. Çadırın içinde suyun ne işi vardı?

Şerife'nin bağırtısına uyanan Nilgün, uyku sersemliği içinde yarı uyur yarı uyanık, çabuk çabuk konuşmaya başladı.

"Ne var? Ne oluyor, Şerife?"

"Nilgün! Nilgün! Kalk, çadırı su basmış! Fırtına çıkmış, bizim çadır da su içinde yüzüyor."

Nilgün, "Hı," diyerek öbür yanına döndü, bir an uyuyakaldıktan sonra birden fırlayıp bağırdı. "Ne? Çadırı su mu bastı dedin?"

"İlahi Nilgün. Deminden beri sana bunu anlatmaya çalışıyorum."

"Eee, söylesene, uyandırsana insanı," diyen Nilgün'ün pabuçlarını eline almasıyla atması bir oldu, ayakkabılar da su doluydu.

"Ne olmuş buraya? Her tarafı sular basmış sanki."

"Böyle bir fırtına kopacağı dünden belliydi. Hava çok baskın ve ağırdı."

Çocuklar sırtlarına birer kazak alıp seke seke çadırın kapısından dışarı baktıklarında, kapkara bir gece gördüler. Yağmur bardaktan boşanırcasına iniyor, dalgaların uğultusu, korkunç bir canavarın homurtusunu andırıyordu. Ağaçların dalları rüzgârla birlikte bir o yana, bir bu yana eğilirken, düşen yapraklar hışırtılarla yerlerde çılgınca dönüp duruyorlardı. Yıldızlar bile yok olmuştu sanki, öylesine kapkara bir geceydi.

İki arkadaş karanlıkta şaşkın, öylece duruyorlardı. İlk kez böyle bir şey başlarına geliyordu. Dışarıda uğuldayan azgın bir fırtına, su baskınına uğramış bir çadır. Üstüne üstlük kapkara bir gece yarısı.

"Burada böyle tir tir titreyeceğimize, bir şeyler yapmamız gerek," dedi Nilgün.

"Evet, önce sıkıca giyinelim, sonra da yerleri süpürüp suları dışarı atalım."

"Aman Şerife, hele senin hiç üşütmemen gerek."

"Sen beni merak etme, şimdi giyinirim," dedi Şerife gülümseyerek.

Nilgün el yordamıyla lambayı bulup yaktı. Onun ışığında iki kız bavullarından kuru çoraplar, kazak ve pantolonlarını çıkarıp giydiler. Daha sonra ayakkabıların içini iyice kurulayıp onları da ayaklarına geçirdiklerinde, hazırlıkları tamamdı. Şerife hemen eline süpürgeyi alarak çadırın dışına doğru süpürmeye başladı. Nilgün de yere düşmüş ya da ıslanabilecek eşyaları yatakların üzerine topluyordu. İki arkadaş harıl harıl çalışırken birden Nilgün duraladı.

"Bir dakika, Şerife, durur musun? Bir ses duyar gibi oldum."

İkisi de bir an oldukları yerde kaldılar. Önce bir süre sessizlik, sonra bir inilti. Nilgün'ün, "Duydun mu? Duydun mu? Biri inliyor, gidip bakacağım," demesiyle Şerife'nin onun eline yapışması bir oldu.

"Olmaz, Nilgün. Bu kadar karanlık bir gecede, o sesin ne olduğunu tam olarak anlamadan, seni dünyada oraya bırakmam."

"Canım belli işte. Birinin başı dertte, inliyor. Biz de ellerimizi, kollarımızı kavuşturup burada oturalım mı o orada inlerken?"

"Ne biliyorsun inilti olduğunu? Bu gürültüde yanılmış olamaz mısın? İyice anlamalıyız önce."

İki arkadaş tekrar susup dinlediler. Bu kez ses yoktu. Bir süre daha dinledikten sonra Şerife, "Gördün mü, belli ki sana öyle geldi, denizin sesiydi belki," dedi.

Nilgün, "Bir inilti duyduğumdan eminim, bari el fenerimle bakayım," diyerek feneri dışarı doğru tuttu. Her taraf öylesine karanlıktı ki ancak fenerin aydınlattığı yer görünüyor, ışık etrafa yansımıyordu bile. Görünürde hiç kimse yoktu, sadece yağan yağmur, denizin uğultusu ve oraya buraya savrulan dallar, yapraklar...

Çadırın yerini süpürdükçe sular yeniden doluyordu. Şerife soluk soluğa kalmıştı. Nilgün, "Şerife, sen biraz dinlen. Biraz da ben süpüreyim," diyerek süpürgeyi arkadaşının elinden aldı ve sulardan hıncını almak istercesine şiddetle süpürmeye başladı. Süpürgeyi tutuşu bile acemice olduğundan, sağa sola su sıçratıp duruyordu. Şerife kendini tutamayarak güldü.

Nilgün yanakları al al, "Aman aman, anladık. Güzel ve nazlı

süpüremiyoruz," dedikten sonra iki arkadaş akşamdan beri ilk kez kahkahalarla güldüler. Halleri gerçekten görülecek şeydi.

Nilgün birden, "Sus Şerife, yine bir ses duydum," dedi.

Şerife, "Sen de bu gece habire sesler duyuyorsun," dedi ama bu kez o da bir ses duymuştu. Çadırın kapısını aralayıp baktılar. Uzaktan bir karaltı, elinde el feneri, sulara bata çıka geliyordu.

Şerife sordu. "Kim acaba?"

Nilgün, "Sanırım bizim çadıra geliyor, dur bir işaret vereyim," diyerek el fenerini birkaç kez yakıp söndürdü. Karaltı aynı biçimde cevap verdi. Az sonra çadıra iyice yaklaşmıştı. Nilgün feneri ona doğru tutunca muşamba ceketinden ve kasketinden sular süzülen Mert'i karşılarında buldular.

"Aa, Mert'miş. Hayrola? Gezinti için hiç de iyi bir gece seçememişsin," dedi Nilgün.

Mert konuştu. "Çadırları dolaşıyordum, size de uğrayıp bakayım, dedim."

"Bir dakika içeri gel de öyle konuşalım, sen de bir soluk almış olursun."

"Tüm çadırları su basmış."

"Oh, ne güzel, yerli Venedik! Bulunduğumuz çadır da aynı durumda," dedi Nilgün.

Mert sordu. "Peki, ne yapıyoruz?"

Nilgün de cevabı yapıştırdı. "Ne yapalım, yataklarımızı gondol, çadır alanını da Venedik kenti sayarak karşılıklı birbirimize serenat yapıyoruz."

Şerife, Nilgün'e bu yersiz şakasından dolayı hafifçe çıkıştı. "Aman Nilgün, sen de..."

Mert her zamanki ciddiyetiyle bir öneride bulundu. "Çocuklar, bu iş süpürmekle bitmez. Yağmur durana kadar yukarı, danışmaya gelin. Cemal Usta ocağa çayı koydu bile, iyice ısınırsınız. Şerife hastalığını yeni atlattı, dikkatli olmalı."

Bu söz üzerine Nilgün, Şerife'ye "Ben sana demedim mi"

dercesine bakınca Şerife, "Sağ olun, çocuklar, hep beni düşünüyorsunuz. Ama merak etmeyin, sıkı sıkı giyindim," dedi.

"Yok yok, ben sizi almaya geldim. Yolda gelirken Nilgün'ün dedesine rastladım. Başına bir şeyler örtmüş, buraya geliyordu ki size de bakacağımı ve ikinizi alıp danışmaya götüreceğimi söyledim de onu odasına sokabildim. Bu yağmur az sonra şiddetini kaybeder, o zaman gelip yerleri iyice süpürürsünüz, yarın da tüm ıslak eşyaları birlikte dışarı atarız, her şey iyice kurur. Sizin durumunuz yine iyi, acemi kampçıların çadırları rüzgârdan yıkılmış. Şükrü Amca'yla birlikte onları boş odalara yerleştirdik. Bazı çadırların da yarısı yerde, yarısı havalanmıştı, onları da pekiştirdik."

"Desene bu yağmur altında Şükrü Amca'yla dolaşıp durdunuz."

"Görevimiz bu."

"Bağışla Mert, ben de seninle yok gondol yok Venedik kenti diye şakalaşıp durdum."

"Haydi çocuklar, gidelim artık. Başınızı iyi örtün."

Hep birlikte çadırdan çıkıp el fenerinin ışığında ağır ağır, bata çıka, danışmanın yolunu tuttular. Tam kayalıkların yanından geçerken Nilgün duraladı, dikkat kesilerek, "Yine o inilti," dedi.

"Ne iniltisi?"

"İniltiyi duymadınız mı?"

"Denizin uğultusundan başka bir şey duyulmuyor ki."

Nilgün yolun ortasında durmuş. "Duydum diyorum size, birisi inliyor. Az önce de duydum. Kim ne derse desin gidip bakacağım," diye söyleniyordu.

Şerife, "Öyleyse hep birlikte bakarız, seni dünyada yalnız bırakmam," dedi.

Mert araya girdi. "Bir dakika çocuklar, tartışmayı bırakın. Önce Şerife'yi bir an önce sıcak bir yere götürmeliyiz, yoksa yine hastalanır. Bu yağmurda ikinizin de hemen içeri girmeniz gerek, ben geri döner, buraları iyice araştırırım, oldu mu Nilgün?"

"Olmadı."

"Ne inatçı kız Tanrım."

"Sen Şerife'yi götür, bak bunda haklısın. O arada ben de araştırmamı yapayım."

"Olmaz, yalnız başına olmaz," diye Şerife, Nilgün'ün sözünü kesti.

"Aman Şerife, seni duyan da yedi başlı canavara savaş açtığını sanır."

"Haydi, haydi, burada sorumluluk bende. Şimdi doğru danışmaya. Sonra geri gelir, etrafa bakarız, daha fazla oyalanamam, yapılacak dünya kadar iş var." Mert'in kararlı sesi tartışmayı kesmişti. Hızlı hızlı yürümeye başladılar. Danışmaya vardıklarında aşçı Cemal Usta'nın hazırladığı sıcacık çaylar ve kupkuru bir oda onları bekliyordu. Hemen havluyla ellerini, yüzlerini kuruladılar, Mert, Şerife'nin sırtını bir battaniyeyle örttü.

Nilgün'e gelince, o içeri bile girmemişti. Kapının dışında zıplayıp duruyor, bir yandan da, "Haydi, haydi!" diyordu.

Mert'le birlikte tekrar gecenin karanlığına daldılar. Kayalıklara geldiklerinde durup etrafı dinlediler. Hep aynı sesler sürüp gidiyordu. Kayalara şrak şrak vuran dalgalar ve rüzgârın uğultusu... Birden Nilgün, "Mert! Dur! Duydum galiba. Şu taraftan geliyor," dedi.

Yavaşça Nilgün'ün gösterdiği tarafa yöneldiler. İniltiyi bu kez Mert de duymuştu. Fenerleriyle kayalıkları araştıra araştıra ilerliyorlardı. İniltiye iyice yaklaşmışlardı artık. Ses bir kayanın arkasından geliyordu. Mert, "Nilgün, sen bir dakika burada bekle, ben şu kayanın üstüne bir çıkıp bakayım," dedi.

Nilgün, "Dikkatli ol," derken Mert kayanın üstüne tırmanmıştı bile.

Bir an oraları inceledikten sonra Nilgün'e dönerek, "Haklıymışsın, burada yaralı bir köpek var," diye seslendi.

"Yardıma geleyim mi?"

"Gerekirse ben seni çağırırım."

Mert kayanın arkasında kaybolmuştu. Az sonra kucağında bir köpekle belirdi.

"Sen feneri tut, ben hem köpeği hem feneri idare edemiyorum," deyince Nilgün onlara yaklaştı, elini uzattı. Mert, Nilgün'e tutunarak kayadan aşağı atladı. Bu arada köpek hafifçe havladı, belli ki sarsıntıdan canı yanmıştı.

"Ah zavallı köpekçik."

"Yaralanmış zavallı. Herhalde kayalardan atlarken düşüp bir yerini kırmış ya da incitmiş. Orada su dolu bir çukurun içinde yatıyordu.

"Vah canım..."

"İyi ki ısrar etmişsin, Nilgün. Sen ısrar etmeseydin gelip onu aramayacaktık, o da kim bilir ne kadar orada öylece kalacaktı. Hayatını sana borçlu."

Tekrar danışmanın yolunu tuttuklarında, Nilgün fenerle yolu aydınlatıyor, Mert de yaralı köpeği kucağında taşıyordu. İçeri girdiklerinde Şerife yerinden fırladı.

"Sizi çok merak ettim, çocuklar. Niye bu kadar geciktiniz? Aaa... o da ne... Bir köpek..."

"Ah anneannem kılıklı ah. Hemen de merak eder. Bak ne bulduk," derken Nilgün'ün sesi sevinç doluydu.

Köpeği yere yatırdılar. Zavallıcık tir tir titriyor ve kesik kesik inliyordu. Hemen eski havlularla onu sarıp kurulamaya başladılar. Ön patisi kanıyordu, Mert içeriden toz bir ilaç getirdi, yaraya serptikten sonra da gazlı bezle sıkıca sardı.

"Tamam, yarına dek bir şeyi kalmaz."

"Acaba kırık mı?"

"Sanmıyorum ama ancak yarın kesin olarak anlarız."

"Ona yiyecek bir şeyler versek?"

"Dolapta süt olacak."

Kızlar hemen sütü ısıtıp içine ekmek doğradılar. Köpekçik önüne konan ekmekli sütü bir çırpıda bitirdi. Havluların arasından minnetle çocuklara bakan gözleri kara üzümler gibiydi.

"Çok akıllı bir köpeğe benziyor. Bize gözleriyle teşekkür ediyor adeta," dedi Nilgün.

Mert. "Güzel bir av köpeği bu. Bu cins köpekler çok akıllı olurlar. Diyebilirim ki köpeklerin en akıllılarıdır bunlar," diye açıkladı.

Köpeğin simsiyah kulakları kadife gibi yumuşacıktı. Gövdesi ise beyaz üzerine iri kara beneklerle donatılmıştı. Şerife, "Aa, boynunda tasması da var," deyince o ana dek telaştan tasmayı fark etmemiş olan çocuklar, tasmayı incelediler. Üzerinde "Benek" yazıyordu.

"Adı Benek'miş, demek ki sahibi var," dedi Şerife.

Nilgün, "Zavallıcık kayboldu desene. Sahibi kim bilir ne kadar meraklanmıştır," derken acıyan gözlerle Benek'e bakıyordu.

Mert, "Yarın etrafa haber salarım, Benek adında bir av köpeği bulduk diye. Sahibi buralara yakın bir yerlerde oturuyor olmalı," dedi.

Benek'in karnı doymuş, ısınmıştı, yaralı patisini yavaşça öne doğru uzatarak başını öteki patisinin üzerine koyup uyuklamaya başladı. Dışarıda yağmur tüm şiddetiyle sürüp gidiyordu ama çocukların keyfine diyecek yoktu. Sıcacık odada oturmuş, konuşuyorlardı. Üstüne üstlük bir köpeğin hayatını kurtarmışlar, yarasını sarmışlardı. O da şimdi ayaklarının dibinde, güvence içinde uyukluyordu.

Ertesi gün, her yaz fırtınasının ardından olduğu gibi, pırıl pırıl bir güneş çıkmış, etrafa mis gibi bir toprak kokusu yayılmıştı. Tüm kamp alanı kocaman bir çamaşırlıktı sanki. Herkes çeşitli eşyalarını kurusun diye dallara, iplere asmış, yerlere sermişti.

Elvan, İrem ve Emre yaralı köpeğin öyküsünü ilgiyle dinledikten sonra onu görmeye koşmuşlardı.

Emre, "Tüh, böyle bir macerayı nasıl oldu da kaçırdım!" diye hayıflanıyordu.

İrem, "Ne güzel köpek, ne de güzel gözleri var," diye köpeği okşuyordu. Köpek, şaşkın ve mutlu, etrafını çevirmiş bu çocuklara bakıyor, tanımak istercesine onları kokluyordu.

Elvan sordu. "Sahibine haber verdiniz mi?"

Şerife, "Sahibini bilmiyoruz ki. Mert bugün her tarafa haber gönderecek," dedi.

Nilgün, "Sahibi bulunmasa da Benek bizimle kalsa," derken diğer çocukların da aklından geçenleri dile getirdiğini sanıyordu ama yanılmıştı.

Şerife, "Nilgün! Bir de onun sahibini düşün, kim bilir nasıl üzüntü içindedir," diye uyardı Nilgün'ü.

Aradan on gün geçmişti. Benek iyileşmiş, çocuklarla koşup oynuyordu. Sahibinden hiç ses yoktu. Şükrü Amca'nın, "Bu olsa olsa, bir avcının köpeğidir. Buralara avlanmaya geldiler, ne olduysa köpek kayboldu, avcı da köpeğini arayıp bulamayınca çaresiz geldiği yere döndü. Belki de Mersin'de oturuyordur," demesi çocuklar için gizli bir sevinç kaynağı olmuştu, hepsi için için Benek'in onlarla kalmasını istiyorlardı.

Benek ise halinden pek memnun görünüyor, geceleri Nilgün'ün anneannesinin tüm itirazlarına karşın, kızların çadırında, onların ayak uçlarına kıvrılıp uyuyordu.

Bu arada köpek hakkında çok ilginç bir şey de keşfettiler. Bir gün çadırın önünde otururlarken Şerife, Nilgün'e, "Haydi, kalk bakalım," deyince Benek yattığı yerden kalkmıştı. Önceleri bunu bir rastlantı sayıp üzerinde durmamışlardı, fakat başka bir gün yine yüksekçe sesle söylenen bir "otur" sözcüğü üzerine Benek'in oturuvermesi zihinlerde beliren düşünceyi güçlendirmişti.

Nilgün, "Şerife, sakın Benek eğitilmiş bir köpek olmasın?

Bir deneyeceğim," dedikten sonra Benek'e döndü. "Kalk Benek." Bu söz üzerine Benek kalkmış ve emir bekler bir hal almıştı. Nilgün sonra, "Otur Benek," deyince hemen oturmuş, "Yat" deyince de yatmıştı. Bu müthiş haber hemen ötekilere de iletilmiş ve Benek'in marifetleri bir de onların önünde sergilenmişti. "Toka" deyince elini veriyordu. Bir şeyi uzaklara atıp, "Getir" deyince bir koşu gidip arayıp bulup getiriyordu. Kim bilir daha neler biliyordu ama çocuklar Benek'in ancak bu becerilerini ortaya çıkarabildiler. Böylece Benek, onların daha bir gözüne girdi, onlara kendini daha bir sevdirdi.

Bu önemli keşfin gerçekleştiği akşam durumu Şükrü Amca'ya anlattılar. Şükrü Amca onları dinledikten sonra, "Çocuklar, çok üzgünüm ama bu köpeği daha fazla burada alıkoyamazsınız," deyince ortalığı derin bir sessizlik kapladı.

İlk atılan Nilgün'dü. "Ama niye Şükrü Amca?"

"Kampa köpek getirmek yasak da ondan."

"Ama o İsviçrelilerin köpeği var ya."

"Onları da almamamız gerekirdi, ama onca yol geldiklerinden ve bu kuralı bilmediklerinden geri çevirmedim. Ayrıca onların köpeği terbiye edilmiş, etrafa zarar vermiyor, uslu uslu oturuyor."

"Benek de terbiyeli, Şükrü Amca."

"Yok canım, bildiğiniz bir av köpeği işte o kadar."

"Vallahi değil, Şükrü Amca, gerçekten çok iyi terbiye edilmiş."

"Olabilir çocuklar, olabilir." Bunları söylerken Şükrü Amca'nın çocuklara pek de inanmadığı belli oluyordu. "Ama kural kuraldır, sizin için bir ayrıcalık tanırsam köpeklerle geldikleri için geri çevirdiğim kişilere ne cevap veririm sonra. Köpek sevenler olduğu gibi, sevmeyenler de var. Sözün kısası, bu köpeğin gitmesi gerek," diyerek konuşmasını kesin bir biçimde sona erdirdi.

Şerife kısık bir sesle sordu. "Peki onu ne yapacaksınız, Şükrü Amca?"

"Bir şey yapacak değilim. Ama Mert, Mersin'e inerken ona vereceğim, götürüp bir yerlere bıraksın. Hem belki böylece sahibini de bulur, burada kaldıkça ne sahibi onu ne de o sahibini bulabilir, değil mi ya?" Daha sonra, "Bu konu çok uzadı" gibisinden içini çekti ve "Çocuklar, yapılacak çok işim var," diyerek hızlı adımlarla onlardan uzaklaştı. Çocuklar arkasından bakakalmışlardı.

Emre, "Büyükleri de hiç anlamıyorum doğrusu," dedi. "Hem bize zor durumda olanlara yardım etmelisiniz diye öğüt verirler, hem de biz güç durumda olan birine yardım etmek isteyince işte böyle engellerler."

Şerife, "Ne kadar da alışmıştık ona," diye içini çekti.

Nilgün'ün birden gözleri parladı ve "Çocuklar bir fikrim var," dedi.

Elvan, "Söyle bakalım," derken sesinden umutsuzluk akıyordu.

Nilgün, "Ben derim ki Benek'i saklayalım, sorarlarsa da görmedik, kaçmış gitmiş olacak deriz..." diye hiç de parlak olmayan fikrini açıkladı.

İrem, "Olur mu hiç? O bir hayvan, bir iki gün saklarız. Üçüncü gün havlayacağı tutar, bizi de ele verir. Daha yavru sayılır Benek, baksana nelerle oynuyor," derken Benek'i işaret ediyordu eliyle.

Gerçekten de Benek o anda Nilgün'ün lastik ayakkabısının tekini almış, büyük bir keyifle oynuyor, bağcıklarından yakalayıp başını iki yana sallayarak ayakkabıyı silkeliyor, bu arada da müthiş bir düşmanla boğuşuyormuşçasına hırlıyordu. Nilgün bir feryatla ona doğru koştu ve öfkeyle, "Benek! Hemen pabucumu geri ver!" diye buyurdu. "Ben burada seni nasıl koruyacağımı düşüneyim, sen benim lastikleri parala, olacak iş mi bu?"

Nilgün'ün geldiğini gören Benek, ayakkabıyı ağzına aldığı gibi kaçmaya başladı. Nilgün de bağıra çağıra, yumruğunu sallayarak arkasından koşuyor, ötekiler bu görünüme katılarak gülüyorlardı.

İrem, "İşte benim demek istediğim de bu. O daha yavru sayılır, en oyunbaz çağında. Kim bilir daha ne muzurluklar yapıp kamp halkını kızdıracak," diye görüşünü savunuyordu.

Elvan yüksek sesle düşünüyor gibiydi. "Ne yapmalı da onu Şükrü Amca'ya kabul ettirmeli?"

Ortaya derin bir sessizlik çöktü. Hepsi Benek'i Şükrü Amca'ya kabul ettirecek bir yol, bir çare düşünüyordu. Bu çare aslında birkaç gün sonra kendiliğinden ortaya çıkacaktı ama onlar tabii şu anda bunu bilemezlerdi.

16. BÖLÜM

BENEK KENDİNİ KANITLIYOR

Şükrü Amca, Nilgün'le arkadaşlarına seslendi. "Çocuklar, bakın size çok sevdiğim yeğenim Emine'yi tanıtmak istiyorum," deyince hepsi onların etrafını çevirdi. Emine iri gözlerini açmış, merakla çocuklara bakıyordu.

Şerife sordu. "Ne tatlısın sen öyle. Adın ne senin?"

Emine'yi bir utangaçlıktır aldı. Bir türlü cevap vermiyordu.

Sonunda Şükrü Amca, "Onun dilini kedi yuttuğu için ben söyleyeyim," dedi. "Adı Emine ama ben ona Emoşum da derim ara sıra. Burada birkaç gün benim konuğum olarak kalacak. Sizlerle tanışıp oynamasını istiyorum. Hoş onun akranı Defne ya, sahi Defne nerelerde?"

Nilgün konuştu. "Arkadaşı Müzeyyen ve ailesi tatilleri sona erdiği için Adana'ya döndüler. Bizim Defne çok üzgün... Müzeyyen en can arkadaşıymış, onsuz kampı ne etsinmiş. Onlar ömür boyu birbirlerine bağlı kalacaklarına dair yeminler etmişlermiş, onun için artık hiç kimseyle oynamayacak, Müzeyyen'e sadık kalacakmış. Kederini hafifletmek için dedemle anneannem onu arabayla gezmeye götürdüler."

Şükrü Amca derin bir kahkaha attı.

Elvan atıldı. "Gerçi onun yaşıtı Defne, ama biz Emine'yi çok sevdik, eğer o da isterse, onu bize bırakın, az sonra hep birlikte kampın karşısındaki harabeleri gezmeye gideceğiz. Emine de bizimle gelir, biz ona göz kulak oluruz. Ne dersin canım?"

Küçük kız gülümseyerek evet anlamında başını salladı.

"Orada ne yapacaksınız, çocuklar?"

"Belki bir tur düzenleriz diye düşündük, ama daha önce kendimiz gezip görmeliyiz," diyerek Nilgün, Şükrü Amca'nın sorusunu yanıtladı.

"Sağ olun çocuklar, kamp sizler geleli öyle bir neşelendi ki. Didinip duruyorsunuz, hakkınızı nasıl öderim bilmem."

Emre, İrem'in kulağına, "Benek'i bize bırak, hakkımızı bol bol ödemiş olursun," diye fısıldadı. İrem, Emre'yi şiddetle dürterek susturdu.

"Emine'm size teslim, çocuklar. Ben de yukarıdaki işlerimi bitirir bitirmez arkanızdan gelirim," dedi Şükrü Amca ve küçük kızın yanağından bir makas alarak kestirme patikaya saptı.

Az sonra çocuklar yanlarında Benek, hep birlikte harabelerin yolunu tuttular. Emine, güneşte daha da belirginleşen çillerle donanmış yüzü pırıl pırıl, Şerife'ye cevaplar veriyor, bir şeyler anlatıyordu. Her zaman iyimser olan İrem, belki böğürtlen bulurum umuduyla elinde kocaman bir sepet taşıyordu. Arkadaşları onunla epeyce alay etmişlerdi, ama o moralini bozmamış, sepetini de yanına almakta direnmişti. Emre en önde, elleri ceplerinde ıslık çalarak başı çekiyor, Nilgün'le Elvan ve Benek hoplaya zıplaya onu izliyorlardı.

Harabelerin olduğu yere gelince dağılıp çevreyi incelemeye koyuldular. Kocaman yıkık duvarlar, geniş kemerlerle birbirine bağlanmıştı.

Çocuklar mezarlıkta uzun bir süre incelemede bulunduktan sonra, biraz da çevreyi görmeye karar vererek yürüyüşlerine devam ettiler. Bu kez önlerine bir düzlük çıktı. Yemyeşil bir çayırdı bu, etrafı da tahta çitle çevrilmişti.

Her biri bir şeye dalmıştı. Umduğu böğürtlenleri bulamayan İrem bu kez çiçek topluyor, Şerife, Emine'yle yere eğilmiş, ona bir karınca yuvasını gösteriyor, Emre ise çoktan bir ağaca tırmanmış, avazı çıktığı kadar, "Dağ Başını Duman Almış" marşını söylüyordu.

Nilgün konuştu. "Burada kimseler yok diyorduk ama bakın siyah bir inek otluyor, bizi gördü ve hoş geldiniz demek için buraya doğru geliyor," diye bağırarak cevap verince Şerife başını kaldırıp ilerlere baktı, bakmasıyla da bir çığlık atması bir oldu.

"Nilgün, inek değil boğa o! Aman Tanrım, buraya doğru geliyor, kaçalım, çocuklar, kaçalım..." Hepsi bir an oldukları yerde kalakaldılar.

Boğa hızlanarak üzerlerine doğru geliyordu. İlk önce Elvan'la İrem koşmaya başladılar.

Emre ağaçtan, "Kaçın, kaçın!" diye bağırıyordu. Onun sesini duyan boğa, yönünü değiştirerek ağaca doğru döndü.

Bu kez kızlar, "Emre, dikkat!" diye bağırıştılar. Emre ağacın gövdesine sımsıkı yapışmıştı. Boğa bir süre ağacın altında durdu, Emre soluk almaya korkuyordu, yüzü bembeyazdı. Çocuklar tam bir çıkmaz içindeydiler, koşsalar çite yetişemeyecek, üstelik boğanın dikkatini üzerlerine çekeceklerdi. Koşmayıp oldukları yerde beklemenin ise sonu yoktu. Elvan'la İrem çite en yakın olduklarından yavaş yavaş gerilemeye başladılar. En kötü durumda olanlar, Şerife'yle Emine'ydi. Çayırın tam ortasında, çite en uzak yerdeydiler. Nilgün birden koşmaya başladı. Onun koştuğunu gören boğa bu kez Nilgün'ün arkasından koşmaya başladı. Küçük kızın kazanmasına olanak yoktu, boğa öylesine hızla geliyordu. Tam Nilgün'e tos vuracakken keskin bir hırlamayla karışık bir havlama duyuldu. Benek küçücük vücudundan umulmadık bir yüreklilikle kendini Nilgün'le boğanın arasına atmış, şiddetle havlıyordu. Boğa bir an şaşırmıştı, onun duraksamasından yararlanan Nilgün, can havliyle çite ulaştı ve bir zıplayışta kendini çitin üstünden aşırdı. Bu arada Benek durmadan boğanın etrafında dönüyor, Nilgün'e zaman kazandırmak istercesine havlıyor da havlıyordu. Şaşkınlığı geçen boğa, kızgın ön ayağıyla toprağı eşelemeye başlamıştı.

Emre, "Çocuklar, dikkatli olun, saldırmaya hazırlanıyor!" diye bağırdı. Bu arbededen yararlanan Elvan'la İrem artık çite iyice yaklaşmışlardı. Kendi kurtulduğuna göre, bu kez arkadaşlarına zaman kazandırmak için Nilgün, çitin öbür tarafından kopardığı bol yapraklı kocaman bir dalı sallıyor, garip sesler çıkararak boğanın dikkatini üzerine çekmeye çalışıyordu, Böylece Elvan'la İrem de çite ulaştılar. Onlar da kurtulmuşlardı. Boğa birden döndü ve tenhalaşan çayırın ortasında çaresizlik içinde bekleşen Şerife'yle Emine'ye doğru koşmaya başladı. O sırada bir ses duyuldu. Şükrü Amca söz verdiği gibi çocukların arkasından gelmiş, bağırtıları duyunca çayırın olduğu yere yönelmişti. Birden karşısına çıkan bu umulmadık manzara kanını dondurmuştu. Farkında olmadan, "Aman Allahım, aman Allahım, sen koru!" diye bağırarak çite doğru koşmaya başladı. Azgın boğa olanca hızıyla Şerife'yle Emine'ye doğru koşuyor, iki kız çaresizlik içinde birbirlerine sarılmış, hipnotize edilmişçesine hiç ses çıkarmadan yaklaşan boğaya bakıyorlardı. Öbür çocuklar çılgınca bağırışıyorlar, çığlıklar atıyorlardı. Şükrü Amca için bundan büyük felaket olamazdı, en sevdiği biricik yeğeni ona emanet edilmişti. Oysa Emine şu anda çok büyük bir tehlikeyle karşı karşıyaydı, kurtulması bir mucizeyi gerektiriyordu. Ama o mucize gerçekleşti ve yine müthiş bir havlamayla Benek bu kez de Şerife'yle Emine'nin yardımlarına koştu. Havlıyor, boğanın bacaklarına saldırıyor ve yine boğanın etrafında dönüyor, dönüyordu. Boğa bir an duraladıktan sonra köpeğe saldırdı. Benek ustaca kenara çekilerek kendini kurtardı.

Bu sırada Şükrü Amca, Nilgün'ün elindeki bol yapraklı kocaman dalı kapıp çiti aşarak çayıra girmiş, çocuklara iyice yaklaşmıştı. Bir yandan da bağırıyordu. "Çocuklar, Benek'le ben boğayı oyalarken siz yavaş yavaş onun arkasından dolanarak çite doğru yürümeye başlayın."

Şerife, kendisi gibi tir tir titreyen Emine'nin elinden sıkı sıkı tutarak "Haydi canım, cesaret. Yürüyelim, başka çaremiz yok," dedi. Emine o anda sanki küçük bir kız değil, büyük biri gibiydi, öylesine ağırbaşlı, öylesine söz dinler bir hali vardı. Şerife'nin her dediğini yapıyor ama boğayla boğuşan köpekle, elindeki kocaman dalla köpeğe yardımcı olmaya çalışan amcasından gözünü alamıyordu. Yavaş yavaş yürümeye başladılar. Ötekiler soluk almaktan korkarcasına, arkadaşlarını ve küçük Emine'yi izliyorlardı.

Şükrü Amca, bir yandan yaprakları hışırdatıp sallayarak boğanın saldırılarına karşı kendini koruyor, bir yandan da Benek'le konuşuyordu. "Dayan aslanım! Onu biraz daha oyala, göreyim seni."

Boğa bu kez Benek'e saldırdı, Benek tekrar yana kaçtı ve boğanın arkasından havlamaya başladı. Boğa hırsla arkasına döndü. Köpekçik iyice yorulmuştu, soluyor, pembe dili dışarı sarkıyordu ama yine de ne havlamaktan ne de boğanın başını döndürürcesine etrafında dönmekten vazgeçiyordu.

Şerife'yle Emine çite iyice yaklaşmışlardı, son bir gayretle Şerife fısıldadı. "Emineciğim, çite doğru bir koşu yapacağız. Dikkat et, sakın ayağın takılmasın, düşecek bile zamanımız yok." Emine sessizce başını sallayınca, "Haydi!" dedi ve iki kız el ele çite doğru koşmaya başladılar. Boğa olup bitenleri anlayana kadar çite varmışlardı bile, onlarla birlikte çite koşmuş olan Şükrü Amca, hemen Emine'yi kucakladığı gibi çitin öbür tarafına atlattı. Sonra Şerife'nin elinden tutup onu da çabucak öteki tarafa geçirdi. Kendi de onların yanına tam atlamıştı ki hareketi gören boğa köpeği bırakıp hızla onlara yönelerek koştu koştu, onları elinden kaçırdığını anlayıp da öfkelenmişçesine tahta çiti sarsan müthiş bir tos vurdu.

Karşı tarafta olanları seyreden Nilgün, "Kıl payı diye buna derler işte," dedi ve yere yığıldı. Emine, Şükrü Amca'nın kucağında hıçkırıyordu, Şerife ise sessizce yere çökmüştü, artık dizleri onu çekmiyordu.

Benek'e gelince, o hâlâ hücumdaydı, ama bu kez keyifli keyifli havlıyordu, acı acı değil... Koca boğayla alay eder bir hali vardı. Minicik köpek kaç çocuğu onun elinden kurtarmıştı. Etrafına bakınan boğa kimseleri görmeyince geriye döndü ve olanca hızıyla geldiği yerlere, ta uzaklara doğru koşmaya başladı. Benek de peşinden...

Nilgün, "Benek, Benek gel buraya. Düşman geri çekiliyor, daha ne koşuyorsun akılsız köpek. Gel diyorum zafer sarhoşu, gel buraya!" diye bağırıyordu. Köpekçik durdu, sonra koşarak Nilgün'ün yanına geldi. Nilgün onu okşuyor, öpüyordu. "Kahraman Benek'im benim. Hepimizi sen kurtardın. Sen bir tanesin!" derken gözlerinden yaşlar süzülüyordu.

Şükrü Amca da sonunda kendine gelebilmişti. "Çocuklar toplanın da kampa dönelim artık," dedi. Herkes ağaçtaki Emre'yi unutmuştu. Ağaçtan titrek ve hazin bir ses yükseldi. "Heyyy, beni bırakıp nerelere gidiyorsunuz?"

"Haydi in o ağaçtan."

"Yaa! İneyim de o azgın boğa yine hoş geldin demeye kalksın değil mi?"

"Boğa çok uzakta, hem çite de yakınsın, bir koşu kopardın mı tamam."

Ağaçtan dikkatle inen Emre'nin bir gözü uzaklardaki siyah karaltıdaydı, bir koşuda kendini çitin öbür yanında buldu. "Ağaca da bir yapışmışım ki, hâlâ kollarım ağrıyor," derken acılı bir halle kollarını ovuşturuyordu.

Şükrü Amca çocukları etrafına topladıktan sonra, "Verilmiş sadakamız varmış. Neler olabileceğini düşündükçe çıldıracak gibi oluyorum. Hepiniz çok büyük tehlike atlattınız. Emine'yle Şerife'yi o ilk gördüğüm anı herhalde ömür boyu unutamayacağım," dedikten sonra yere çömelip Benek'i yanına çağırdı. Bir yandan okşuyor, bir yandan da, "Sen ne yürekli köpekmişsin öyle. Kaç kişiyi kurtardın biliyor musun?" diyordu. Benek o kapkara üzüm gözleriyle Şükrü Amca'ya bakıyor, dili dışarda, soluyup duruyordu.

Çocuklar Şükrü Amca'nın etrafında bir daire oluşturmuş, soran gözlerle ona bakıyorlardı. Bu sessizliğin anlamını kavrayan Şükrü Amca, "Neler düşündüğünüzü çok iyi biliyorum çocuklar. İnanın en az sizler kadar benim de bu köpeğe şükran borcum var, ama kampın da kuralları var," dedi. Sonra olduğu, yerde bir an düşündü, hâlâ diz çöktüğü yerde durmuş, dalgın dalgın köpeği okşuyordu. Birden bir kahkaha atarak sordu. "Adaaaam sen de, bazı şeyler kuralların da üstündedir, öyle değil mi çocuklar?"

Çocuklar bir ağızdan, "Öyledir Şükrü Amca," diye bağrıştılar.

Şükrü Amca, "Hele acelemiz yok, şimdilik Benek kalsın da sonra ne yapacağımızı düşünürüz," deyiverince bir alkıştır koptu.

"Yaşşa, Şükrü Amca."

"Bir tanesin, Şükrü Amca."

Gerçekçi Nilgün bu tür bir gösteriyle yetinemezdi, işini sağlama bağlamak peşindeydi. "Yani şimdi pazartesi günü Mert, Benek'i Mersin'e götürecek mi götürmeyecek mi?"

"Hayır efendim, götürmeyecek," sözü üzerine bir kez daha alkış koptu, bu seferkine Nilgün de katılmıştı.

Hep birlikte kampa doğru yürümeye başladıklarında, günü

özetleyen cümleyi Emre dile getirdi. "Bu müthiş gezi sonucu, buraya tur düzenlenemeyeceğini kendi deneyimimiz ışığında anlamış bulunuyoruz, arkadaşlar."

17. BÖLÜM

BİR PİNPON MAÇI

Çimenlikten sesler yükseliyordu. O gün yine bir maç vardı. Erkeklere karşı kadınlar. Sonuç, tüm itirazlara karşın erkeklerin galibiyetiyle bitmişti. Hortlak, takımın yıldızıydı. Üstelik hiçbir yerini kırmadan maçın sonuna ulaşabilmişti. Esma Fazıla Teyze, "Seni okuyup üflemesem, bu işten zor kurtulurdun," dedi.

Hortlak ona sarılarak, "Sağ ol Esma Fazıla Teyzeciğim, ama artık uğursuzluklar sona erdi," dedi.

"Aman kızım ne uğursuzluğu, şuna düpedüz sakarım desene. Yani darılma ama senin gibi sakarına da az rastlanır. Tatilde insanın başına bazı aksilikler gelir, bunu anlarım. Ya midesini bozar ya güneş çarpar ya da ne bileyim ben, bir kazaya uğrar, değil mi efendim? Ama hepsini birden ardı ardına sıralamak eh, bu da sana özgü olmalı."

Esma Fazıla Teyze'yle Hortlak konuşadursunlar, Emre bir baştan öbür başa haykırıyordu. "Çocuklaar, pinpon oynamak isteyen var mı?"

Şerife sordu. "Masa boş mu ki?"

"Ben gelirken birileri oynuyordu ama biz gidene kadar onların oyunu biter. Küçüklere pinpon öğreteceğim diye sıkıntıdan patladım. Şöyle birinizle ağız tadıyla bir maç yapmak istiyorum. Hanginiz bana karşı oynama yürekliliğini gösterecek bakayım ha kızlar?"

"Şuna bakın, hangimiz o cesareti gösterebilirmişiz? Amma da kendine güveniyor."

"Güveniyorum tabii."

"İyi öyleyse, görüşürüz," dedi Elvan.

Pinpon masasının durduğu terasa geldiklerinde masayı boş buldular.

"Mucizeler mucizesi, masa boş."

"Yeni gitmiş olmalılar."

"Haydi bakalım, geç karşıma, Elvan Hanım. Seni bir perişan edeceğim ki..."

"Emre! Ne kadar ayıp! Karşındaki genç bir hanım, böyle konuşulur mu?"

Emre, Nilgün'e dönerek yerlere kadar eğildi. "Özür dilerim efem." Sonra Elvan'a dönüp bu kez de onun önünde eğildi. "Elvan Hanımefendi, bana küçücük, ufacık ve de pek değersiz bir maç lütfunda bulunurlar mıydı acaba?"

"Aman Emre, sen adam olmazsın."

"Allah Allah, normal konuştuk kızdınız, kibar konuştuk kızdınız. Ne yapacağını şaşırıyor insan."

Elvan'la Emre oynamaya başlamışlardı. Kızların içinde en iyi pinpon oyuncusu Elvan'dı. Şerife çoktan çadırına gitmişti, Nilgün duvara dayanmış, onları seyrediyordu.

Nilgün seslendi. "Emre!"

"Efendim."

"Kamptaki casustan ne haber?"

Emre kamptaki casus sözünü duyunca oyunu unutuverdi, tabii bu arada da Elvan hemen bir sayı yaptı.

"Hay Allah! Tabii, arkadaşın kazansın diye beni şaşırtıyorsun."

"Bağışla Emre, inan ki isteyerek olmadı. Ama son günlerde bu konuda pek bir şey anlatmadın da ne oldu diye merak ettim. Yoksa araştırmaktan vaz mı geçtin?"

"Ne demek vazgeçmek?" Emre servis sırası kendine geldiğinden topu avucunun içinde tutarak Nilgün'e döndü. "Hâlâ uğraşıyorum ve sonuca da yaklaştım sanıyorum."

"Emre, oynayacaksan oyna. Burada dikilip seni bekleyemem."

"Peki, peki," diyen Emre bir yandan Elvan'la oynuyor, bir yandan da Nilgün'e laf yetiştiriyordu.

"Eleye eleye listeyi iki kişiye düşürdüm."

"Kim bunlar?"

"Biri o sakallı genç İsviçreli."

"Ama onu zaten başından beri söylüyordun."

"Evet öyle, fakat bir ara o değil diye düşünmüştüm ki yeni öğrendiğim bir şey, onu yeniden liste başı yapmama neden oldu."

"Yaa, neymiş bu yeni öğrendiğin?"

"Her hafta danışmaya gidip kalın ve büyük bir zarf içinde kâğıtlar postalıyor."

"Ama insan evine yazmaz mı?"

"Yazar da, tatildeyken ya üzerinde, 'Akdeniz'in İncisi Mersin' ya da 'Şirin Mersin' yazılı tipik, turistik bir kartpostal atar veya bir iki sayfalık mektubu normal boy beyaz zarflara kor ve postalar. Oysa bu genç sakallı, kalın ve büyük zarflar yolluyor, içi de dolu. Yani böyle deste deste mektup gönderiyorsa, anasını fena özlüyor olmalı."

Emre'nin konuşmasından yararlanan Elvan bir sayı daha yapınca Emre kızdı. "Hani sen de fırsatı kaçırmıyorsun bakıyorum."

"Ne yapalım, sen de doğru dürüst oyna."

Nilgün ise bu tartışmayı hiç duymamış gibi sordu. "Bak işte bu ilginç. Peki nereye gönderiyor bu tomar tomar kâğıtları acaba?"

"Hah, ha, kaçırır mıyım? Hemen arkasından şıp diye danışmaya damladım. Zarfların hepsi oradaydı. Bizimkininki de tabii, adrese baktım, normal bir isim, adres ve Cenevre İsviçre. Sonra Mert'e sordum, meğer her hafta böyle kalın zarfları aynı adrese yolluyormuş. Tam rapor anlayacağınız."

"Peki, listede iki kişi kaldı demiştin, ötekisi kim?"

"Hani o genç iki kadın var ya?"

"Yaa sahi, onları ben unuttum bile. Bizim hiçbir faaliyetimize katılmıyorlar."

"Onlar sabahtan akşama kadar ya yazı yazıyorlar ya da okuyorlar."

"Belki de yazar onlar. Bir gazeteci böyle sabahtan akşama kadar yazar mı yani?"

"Neden olmasın? Belki de rapor halinde hazırlıyor, iyice araştırma yapıyorlar."

"Kim bilir olur olur. Belki hem gazeteci hem yazardırlar."

"Değil mi ya, değil mi ya! Al bu da sana, Elvan Hanım, öyle fare gibi beni kolluyorsun."

Minik top Elvan'ın tarafına hızla değip oradan da duvara çarptı. Elvan pinpon raketini masaya fırlatıp "Ben böyle oynayamam. Nilgün, sen de durdun durdun, konuşacak zamanı buldun," diye çıkıştı.

"Aaa, şuna bakın. Ben sayı kaybederken sesi çıkmıyor, kendi sayı kaybedince konuşup hanımı şaşırtmış oluyoruz. Sana ne, ben elimle oynuyorum, ağzımla değil."

"Evet ama benim de dikkatim dağılıyor sen öyle vır vır konuştukça."

Nilgün, "Peki peki haydi ben sustum. Emre, seninle oyun bitince konuşuruz," diyerek yere bağdaş kurup oturdu.

Emre çok güzel oynuyordu, Elvan da öyle, ama Emre kadar usta oyuncu değildi. Elvan sağa sola sıçrayıp dururken, Emre çok rahat bir oyun çıkararak onu yendi. Elvan kızmıştı, bir de Emre, "Öğren de gel," deyince kıyamet koptu.

Raketini masanın üstüne fırlatıp "Konuşa konuşa sinirlerimi bozdunuz zaten!" diyerek yenilgisine kendince geçerli bir neden buldu Elvan ve homurdanarak odasının yolunu tuttu.

Emre, "Elvan iyi hoş da, yenilince bozulması yok mu, çok kötü," dedi başını iki yana sallayarak.

İrem, "Üstüne varmayın, az sonra siniri geçer, yine gelir. Yenilgiye alışması gerek," dedi o sakin haliyle, ikiz olmalarına karşın sanki İrem, Elvan'ın ablası gibiydi... İrem daha sakin ve olgun, Elvan heyecanlı ve çocuksuydu. İrem'in "Gidip bir bakayım şuna," demesi bile bu farklılığı ortaya koyuyordu. İrem kardeşinin ardından odanın yolunu tutunca ötekiler konuşmalarını sürdürdüler.

Nilgün, Emre'ye sordu. "Yani şimdi sence bu kişi kesin mi?"

"Değil mi ya? Öbürlerini teker teker günlerce izledim. Hiçbiri eline ne kâğıt aldı ne kalem. Olsa olsa, bir iki kart attılar evlerine. Oysa sadece bu ikisi, sakallı genç adamla o kadınlar durmadan yazıyorlar. Hoş kadınların bir şey postaladıkları yok ama belki de raporlarını elden vereceklerdir."

"Genç İsviçreli bizim faaliyetlerin tümüne katılıyor da, o kadınlar hiçbirine gelmiyorlar. Eğer onlarsa emekler boşa gitti demektir, Emre."

"Yok Nilgün yok, ben onu da düşündüğüm için önlem aldım. Her faaliyeti duyuracağımız zaman, onların karavanının önüne de mutlaka gidip bir de orada bildiriyorum. Sonra bunlar sağır mı, maç seslerini, cimnastik gürültüsünü duymuyorlar mı sanıyorsun? Kız Kalesi Turları'na gelince, her gece lokantada sözü ediliyor, gidenler gitmeyenlere anlatıyorlar."

Nilgün içini çekti. "İyi öyleyse, ama eğer İsviçreliyse yaşadık çünkü o her şeyin içinde. Kim bilir belki de günü gününe bizim faaliyetlerimizi rapor halinde bildiriyordur."

Emre'nin gözleri ışıklar saçıyordu. "Eh, eminim güzel şeyler yazmıştır çünkü her yerde çok eğlendiği belli oluyor. Hele de geçen haftaki turda, Cennet'teki kiliseye bayıldı, bayıldı." diye kendini onun kamptaki casus olduğuna inandırmaya çalışıyordu.

Nilgün de onunla birlikte gülüyordu. "Becerdik, bu işi becerdik." Birden yüzündeki gülümseme dondu. Sonra kuşkuyla sordu. "Ama ya o kadınlarsa?"

"Ne var onlar olursa?"

"Olur mu Emre, onlar güneşlenirken bile plajdan uzak kalıyorlar. Karavanlarının önündeki çimenlere uzanıp orada güneş banyosu yapıyorlar. Denize de arka taraftaki kayalardan girip hemen yine karavana dönüyorlar. Sonra da yaz babam yaz. Yani belki yaptıklarımızı uzaktan uzağa duyuyorlar ama hiç umurlarında değil gibi. Hani mümkün olsa, karşı dağda yaşamayı yeğler bir halleri var. İnsanlardan kaçıyorlar, onlara bir şey beğendirmek çok güç olmalı. Eğer onlarsa yandı Şükrü Amca, yandı bizim bunca emekler ve çaba."

Onlar böyle yere oturmuş konuşurlarken üzerlerine bir gölge düştü. Nilgün başını kaldırınca yaşlı Fransızın elinde piposu, gülümseyerek onlara baktığını görünce hemen ayağa fırladı. Bir süre konuştuktan sonra tekrar yere oturdular, yaşlı adam ikisinin ortasındaydı, Nilgün'e "haydi" dercesine bir şey söyledi.

Emre sordu. "Ne diyor, Nilgün?"

"Karadeniz'de gemileriniz mi battı gibisinden bir laf etti. Bizi pek düşünceli ve dertli görüp yanımıza gelmiş, oysa biz farkında bile olmamışız. Derdiniz nedir, diye soruyor. Söyleyelim mi?"

"Bilmem ki. Güvenebilir miyiz?"

"Neden güvenmeyelim, ne kadar tatlı bir adam. Bize de hep yardımcı olmaya çalışıyor."

"Sonra iyice de yaşlı, gerçi dinç ama bu yaşta nasıl olsa gazeteci falan olamaz."

"Belki bize yardımcı olabilir."

"Eh, anlat bakalım."

Nilgün dönüp düşüne düşüne konuşmaya başladı. Yaşlı Fransız iki çocuğun arasında bir yandan piposunu tüttürüyor, bir yandan da bembeyaz sakalını sıvazlayarak ciddiyetle Nilgün'ü dinlerken gözlerinde muzip ışıklar yanıp sönüyordu.

Ayağa kalktıklarında Nilgün, "Bize yardımcı olacak. O, daha çok sakallı genç olabilir, diyor," dedi.

Emre bir sevinç çığlığı attı. "Yaşadık desene!"

"Neyse, dereyi görmeden paçaları sıvamayalım da, hep birlikte gözcülüğe devam edelim. Özellikle de sen."

"Tamam Nilgün, tamam."

18. BÖLÜM

GİZLİ HAZİNE

Sabahın erken saatleriydi. Güneş yeni doğmuş, o günün yine çok sıcak olacağını belirleyen hafif bir sis tabakası, nazlı bir tül bulutu gibi denizin üzerine inmişti. Kısa ve nazlı uçuşlarla ağaçtan ağaca geçen serçelerin kesik ötüşlerinden başka ses yoktu etrafta.

Sessizliği bir kapı gıcırtısı bozdu. Defne oda kapısını aralamış, dışarı bakıyordu. Sabahın ilk saatleri ne kadar da güzeldi. Küçük kız farkında olmadan doğanın güzelliklerine gülümsedi, sonra dönüp uyumakta olan anneanne ve dedesine baktı. Onları uyandırmamalıydı ama dışarıda böylesine renkli ve güzel bir gün başlarken o perdeleri çekili, azıcık da uyku kokan odada daha fazla kalamazdı. Onlar uyanana kadar dolaşır, yine odaya gelirdi. Yüzüne sorunlarına çözüm bulmuş kişilerin rahatlığı yayıldı. Yavaş yavaş parmaklarının ucunda yürüyerek terasa çıktı ve oda kapısını gıcırdamaması için büyük bir dikkatle kapattı.

Dağınık dalgalar halinde omuzlarına dökülen saçları, yeşile çalan ela gözleri ve uzun beyaz geceliğiyle küçük bir peri kızını andırıyordu Defne. Bir süre gözlerini ovuşturarak etrafına bakındı, esnedi ve büyük bir ciddiyetle işe koyuldu. Bir gün önce toplayıp balkon duvarına dizdiği kabuklu deniz hayvancıklarını inceledi. Yeni deniz minarelerini ve deniz kabuklarını gururla bir kez daha eliyle parlattı, sonra dost olduğu sincabı ararcasına etrafına bakındı. Defne oldum olası hayvanları çok sever, büyüyünce veteriner olacağım der dururdu. Sıra kuşlar için bıraktığı ekmek kırıntılarına bakmaya gelince öfkeleniverdi. Yaramaz Benek yine gelmiş, ekmek kırıntılarını silip süpürmüştü, yerdeki pati izleri bunun açık kanıtıydı. Defne kızgınlıkla söylendi. "Ne obur köpek! Bugün onu yine azarlamam gerekecek. Onun yiyeceğini ayrı veriyoruz, ne diye gelip benim kuşlarımın yemini yiyor! İşte kuşlar yine aç kaldılar."

Böyle homurdanarak odasına yöneldiği anda birinin kendini izlediğini sezinledi. Başını kaldırınca yan odanın terasından uzanmış küçük bir baş ve merakla onu izleyen bir çift gözle karşılaşıverdi. Olduğu yerde durup çocuklara özgü bir açıklıkla küçük kızı süzdü uzun uzun. Çiçekli bir pijama giymiş olan küçük kızın iri kahverengi gözleri, narin yüzünde daha da büyük görünüyordu. Saçları kısacık kesilmişti, kâhkülleri gözlerine kadar iniyordu. Küçük kız Defne'nin yaşlarında olmalıydı, onun kendisine baktığını görür görmez, hemen geri çekildi. Bir süre sonra yavaş yavaş yine kafasını uzattı. Defne seslendi. "Kimsin sen?"

Küçük kız böyle bir soruyu dünden bekliyormuşçasına, bir zıplayışta Defne'nin yanına geliverdi. "Sizin yanınızdaki odada kalıyoruz. Dün akşam geldik. Çok canım sıkılıyor burada, hiç arkadaşım yok."

Bunları pek çıtı pıtı bir biçimde söylüyordu, doğrusu cana yakın bir çocuktu. Defne'nin ona kanı kaynayıvermişti, ama bunun can arkadaşı Müzeyyen'e ihanet olacağını düşünerek kendini frenledi ve söylenenleri duymamışçasına, "Şu Benek'e çok kızıyorum," dedi.

"Benek kim? Neden kızdın?"

"Benek bizim köpeğimiz, yani köpeğimiz sayılır. Ben kuşlara ekmek bırakıyorum, o obur hayvan gelip yiyor. Şimdi kuşlar için yeniden yemek hazırlamam gerekecek."

"Ben de sana yardım edebilir miyim?" Küçük kız bu soruyu öyle tatlı bir sesle sormuştu ki Defne elinde olmadan yumuşamaya başladığını hissetti.

"Dur, bizim odada bisküvi var, onu getireyim sana," diyerek küçük kız odasına koştu. Defne'nin ağzını açmasına fırsat vermeden kocaman bir kutuyla dönmüştü bile.

"Al, hepsini al, kuşlarına ver." Kızın gözlerinde öylesine dost bir ifade vardı, öylesine arkadaş olmak istiyordu ki Defne içinden Müzeyyen'in hayalinden özür dileyerek ona gülümsedi.

"Ama çok güzel kremalı bisküviler bunlar."

"Yok yok, ne olur, al."

"Peki ama sadece iki tane. Bu onlara yeter, ben daha sonra ekmek getiririm," dedikten sonra birlikte bisküvileri ufalayıp kırıntıları terasın önündeki yaşlı zeytin ağacının alçak ve kalın dallarına özenle dizdiler.

"Haydi şimdi biraz da biz yiyelim," diyen küçük kızın davetini Defne reddedemedi. Kremalı bisküviye bayılırdı. Odanın önündeki taşlara yan yana oturdular, bisküvi kutusunu da ortalarına alıp gönüllerince yemeye koyuldular.

Defne sordu. "Senin adın ne?"

"Pelin."

"Okula gidiyor musun?"

"Üçüncü sınıfa geçtim."

"Ben de dördüncü sınıfa geçtim."

"Ya senin adın ne?"

"Defne."

"Siz buraya geleli çok oldu mu?"

"Ohoo, çoktandır buradayız. Ablamla arkadaşları da var.

Çok eğleniyoruz, kampı da avucumun içi gibi biliyorum. İstersen sana her yeri gösteririm. Küçük havuzu, çimenliği, kayalıkları..."

"Ayy ne kadar iyi..." Pelin sevinçle ellerini çırpıyordu, gülünce daha da bir tatlılaşıyordu küçük kız.

"Burası güzel yer de, insanlar geliyor gidiyor... Tam arkadaş oluyorsun, tatilleri bitiyor, gidiyorlar, yerine yenileri geliyor. Örneğin, benim Müzeyyen diye bir arkadaşım vardı, can arkadaşım. Onunla ne güzel oyunlar oynuyorduk ama gittiler, ben de yalnız kaldım. Sonra Emine geldi, sadece birkaç gün kaldı, o da gitti."

Pelin elini Defne'nin omzuna attı. "Ben de yalnız ve arkadaşsızım. Hiç kimseyi tanımıyorum. Seninle arkadaş olursak, ikimiz de yalnız olmayız."

Defne bir an düşündü, sonra Pelin'e gülümseyerek "Doğru ya!" dedi.

O sırada beyaz tombul bir tavuk kurula kurula önlerinden geçti. Küçük kızlara sert bir bakış fırlattıktan sonra gıdaklayarak gezintisini sürdürdü. Defne ayağa fırladı. "Aa, bir tavuk!"

Defne'nin hayvan sevgisini bilmeyen Pelin hayretle ona bakıyordu. Tavuk bir kez daha gıdaklayarak kaçtı, Defne de peşinden, "Tavuk, tavuk!" diye seslenerek koşuyordu. Defne'nin tavuğun peşinden bodur, ağaççıkların arasına daldığını gören Pelin, yeni edindiği dostu kaybetme korkusuyla Defne'nin arkasından koşmaya başladı.

Bir süre tavuğu kovaladılar. Tavuk onları kampın hiç kullanılmayan sınır bölgesine doğru götürüyordu. Yol iyice daralmış, toprak bir patikaya dönüşmüştü. Her yeri defne ve yabani zeytin ağaççıkları kaplamış, doğal bir tünel oluşturmuşlardı sanki. Çocuklar bu ağaçtan tünelin içinden geçerken merakla etraflarına bakmıyorlardı. Defne buralardan söz edildiğini bile duymamıştı. Sağda solda yüzleri yumuşacık yeşil yosunlarla kaplı kaya ve mermer parçaları vardı. Az ileride kabartmalarla bezeli bir sütun başı duruyordu.

Biraz daha yürüyünce yine mermerden kırık sütun parçalarının orada burada yattığını gördüler. Beyaz mermerin güneşe bakan kırık yanları pırıl pırıl parlıyordu. Fakat nasıl da derin bir sessizlik vardı buralarda.

Defne fısıldadı. "Ne güzel bir tünel, değil mi?"

Pelin hayretle etrafına bakınarak sordu. "Niye fısıldıyorsun?"

"Öyle ya, niye fısıldıyorum?" Defne bu kez bağırarak konuşunca sesten ürken bir kuş sürüsü çalılıklardan uçuverdi.

Defne hızlandı. "Bu kuşlar insan sesinden bile ürküyorlar. Demek ki kimse gelip onlara yem vermemiş. Haydi Pelinciğim, biraz daha gidelim. Acaba ileride neler var?"

"Ama tavuk gözden kayboldu bile."

"Ziyanı yok, ben nasıl olsa onu bulurum, ama bak, biz hiç kimsenin bilmediği esrarlı bir yer bulduk, burayı sonuna dek keşfedelim."

"Esrarlı" sözcüğünü duyan Pelin'in gözleri parladı. Ne güzel, daha geldiğinin birinci günü serüven başlıyordu. "Evet, evet!" dedi heyecanla ürpererek.

Gerçekten de yerleri yosun kaplı küçük patikasıyla ağaçlardan oluşan bu yeşil tünel, her çocuğun düş gücünü harekete geçirecek nitelikteydi. Sabahın ilk ışıkları yaprakların üzerinde oyunlar yapıyor, minik ışık perileri gibi daldan dala, yapraktan yaprağa atlıyordu. Uzaktan dalgaların kayalara çarpan sesi geliyordu. Tünel yuvarlak bir düzlükte son buldu. Düzlüğün çevresindeki ağaçlar dallarını birbirlerine uzatarak bir tavan oluşturmuştu. Düzlük gölgeler içindeydi, oradan buradan sızan güneş ışınları düz ve ışıklı sütunlar gibi dalların arasından toprağa uzanıyordu.

Pelin, "Ay ne güzel bir yer burası," dedi.

"Bak Pelin, orada ne var." Pelin, Defne'nin gösterdiği yere bakınca eski bir kuyu gördü. Çevresi kocaman taşlarla örülmüş bir su kuyusuydu bu. Su kovası bile kuyunun üstünde asılı duruyordu. İki küçük kız koşup kuyu duvarından sarkarak içine baktılar.

"Aaa su yok bunun içinde."

"Belki su çok aşağılarda."

"Bir taş atalım."

Taş attılar ama yine de bir şey duymayınca birbirlerine baktılar şaşkın şaşkın. Susuz kuyu olur muydu hiç?

"Bak Defne, ne buldum bak." Pelin otların arasında eski bir para bulmuştu.

Defne hayranlıkla, "Ayy Pelin, ne kadar güzel bir para buldun," dedi.

Pelin, "Ben değil, biz. Bu yeri birlikte bulduğumuza göre, parayı da birlikte bulmuş sayılırız."

Biraz daha yürüdüler, düzlükten sonra ağaçlardan oluşan tünel yine devam ediyordu. Önde yürüyen Defne birden durdu. "Ayy!"

Pelin de bağırdı. "Ne oldu?" Tünel çok kesin bir biçimde sona ermiş, önlerine sivri kayalardan oluşan bir uçurum çıkıvermişti. Ta aşağılarda dalgalar kayalara çarpıyor, beyaz köpükler şahlanan atlar gibi yukarılara sıçrıyordu.

İki küçük kız bir an oldukları yerde el ele uçurumu, kayaları ve dalgaları seyrettiler.

Defne, "Kamp burada bitiyor olmalı, bak şu tellere," dedi.

Pelin, "Artık dönelim mi, benim karnım acıktı," deyince Defne de acıkmış olduğunun farkına vardı ve yine el ele kampa doğru yola koyuldular.

Defne, "Pelinciğim, burayı biz bulduğumuz için buraları bizim sayılır," dedi. "Kimseye söylemeyelim. Hem bak para da bulduk, kim bilir daha neler neler vardır? Burası bizim gizli yerimiz olsun."

"Evet evet, bizim gizli yerimiz olsun," diye ellerini çırptıktan sonra ciddileşerek, "Dönerken tıpkı masallardaki gibi yolumuzu işaretleyelim de bir daha gelirken yolumuzu şaşırmayalım," dedi Pelin.

"Nasıl işaretler koyalım?"

"İstersen geçtiğimiz yerlere, o yerleri anımsatacak isimler verelim."

"Yanımızda kurdele ya da kâğıt gibi bir şey olsaydı, ağaçların dallarına o kurdelelerden bağlar, gerçek işaretler bırakmış olurduk. Neyse, isim koymak da bir tür işaret sayılır."

"Şimdi, burası ne olabilir?" Pelin alnını kırıştırmış, düşünüyordu, sonra gözleri parladı. "Buldum. 'Köpüklü Uçurum' diyelim."

"Ay Pelin, çok güzel."

İlk ismin başarıyla verilmesinden sonra iki küçük kız kendilerinden pek memnun, kuyunun bulunduğu düzlüğün yolunu tuttular. Düzlüğe gelince Defne, "Burası da 'Dilek Kuyusu' olsun. Nilgün birisine anlatırken duymuştum. Bazı kuyulara dilek dileyip bir de taş atarsan dileğin oluyormuş," dedi bilmiş bilmiş.

"Yaa!"

"Haydi biz de gözlerimizi kapayıp birer dilek dileyelim ve kuyuya bir taş atalım. Bakalım olacak mı?"

"Dileklerimizi yüksek sesle mi söyleyeceğiz?"

"Yok yok. İçimizden söyleyeceğiz, kimse duymayacak. Yoksa olmazmış."

İki küçük dost yerden birer taş alıp gözlerini yumdular, dileklerini dilediler ve taşları kuyuya attılar, sonra da büyük bir iş yapmışçasına birbirlerine gülümsediler. Ağaçlardan oluşan tünele girince Pelin, "Buraya da güzel bir isim bulmalı," dedi.

Defne sordu. "'Yeşil Tünel' nasıl?"

Pelin, "Bilmem," derken pek de beğenmediğini ortaya koyuyordu.

Defne biraz daha düşündü. "'Esrarlı Tünel'e ne dersin?"

"Ay işte bu isim çok güzel, tıpkı masallardaki gibi."

Böylece konuşa konuşa odalarına geldiklerinde, anneanneyle dedeyi telaş içinde buldular. Anneanne, "Defne, nerelerdeydin yavrum? Seni arıyoruz yarım saatten beri. Nilgün'le Şerife etrafa bakmaya gittiler," dedi.

Defne hiç oralı olmadı. "Anneanneciğim, kendime bir can arkadaşı buldum, adı Pelin."

Anneanne, Defne'nin yanında duran küçük kıza bakınca Pelin, "Günaydın efendim," dedi. Anneannenin tüm telaşı, kızgınlığı uçup gitmişti.

"Günaydın yavrum, siz yeni geldiniz sanırım."

"Evet efendim, yan odada kalıyoruz."

O sırada koşarak Nilgün geldi. "Defne Hanım, nerelerdeydin sabah sabah? Seni aramaktan canım çıktı."

Defne ablasına da anneannesine söylediklerini yineleyip yeni arkadaşını tanıttı. Sonra da buldukları parayı gösterdi. Parayı inceleyen Nilgün, "Bu eski bir para. Onu müzeye vermek zorundasınız," deyince iki küçük kızın yüzleri kararıverdi. Paralarını vermeye hiç mi hiç niyetleri yoktu.

O sırada yan odadan genç bir kadın çıkarak seslendi. "Pelin, Pelin, neredesin?" Uykulu ve telaşlı hali, yeni uyanıp çocuğunu bulamamış annenin tüm kuşkularını açığa vuruyordu.

Pelin annesine koşarak "Anneciğim, bak bir arkadaş buldum, adı Defne," dedi.

Genç kadın yüzünde rahatladığını gösteren bir gülümsemeyle çocuklara baktı. "Birden uyanıp da seni göremeyince çok, çok telaşlandım, dışarı fırlamışım, neyse ki seni hemen buldum." Genç kadın bir eliyle sabahlığının yakasını, öbür eliyle kısa saçlarını düzeltiyordu. Defne'nin anneannesiyle dedesini görünce onlara selam verdi, düzgün hatlı yüzünde iri kahverengi gözleri cıvıl cıvıldı. "Umarım dün gece odaya yerleşirken, sizi rahatsız etmedik." Özür dilercesine gülümsüyordu bu kez.

Dede, "Ben bir uyudum mu top atsalar uyanmam, kızım," diyerek genç kadının kuşkularını dağıttı.

Anneanne, "Bir şey lazım olursa hiç çekinmeyin. İlk günler insan pek bir şaşkın oluyor. Unutulmuş bir yığın eşya çıkıyor ortaya," diye tüm inceliğiyle yeni komşuya dostluk duygularını dile getirdi.

"Gerçekten de öyle, çok teşekkür ederim, efendim. Haydi Pelinciğim, gel giyinelim de kahvaltıya çıkalım." Pelin annesinin yanına giderken, Defne de giyinmek için odasına girmişti bile.

Kızgın güneş her tarafı kavuruyordu. Defne'yle Pelin kumdan bir kale yapmak için kovalarıyla havuzdan su taşıyorlar, çamur haline getirdikleri kumları üst üste yığıyorlardı. Onları daldıkları işten, "Yapmayın, yapmayın!" diye avaz avaz bağıran bir ses ayırdı. İkisi de aynı anda havuza baktıklarında, yaramaz iki oğlan çocuğunun köşeye kıstırdıkları küçük kızı su yağmuruna tuttuklarını gördüler. Defne'yle Pelin ayağa fırlayarak havuzun kenarına geldiler.

Defne, "Yapmasanıza, ne istiyorsunuz ondan!" diye bağırdı ama onu duyan kim...

Pelin, "Kurtaralım o kızı," dedi. Doğru dürüst yüzme bilmediklerinden havuza girmeye çekiniyorlardı. Ya oğlanlar onları suyun içine iterlerse... Defne çaresizlik içinde çevresine bakındı. Yardım edecek birini arıyordu, daha doğrusu Nilgün'ü, ama aksilik bu ya, ne Nilgün ne de arkadaşları vardı ortalarda. Nilgün olsaydı, gösterirdi o oğlanlara öyle küçücük bir kızı köşeye kıstırmayı.

Pelin, "Gel biz de onlara kum atalım," deyince bu fikir çok hoşuna gitti Defne'nin. Hemen iki kız ıslak kumları avuçladıkları gibi yaramazlara atmaya başladılar. Oğlanlar önce bir şaşırdılar, bir tanesi kumların nereden geldiğini anlamak için onlara doğru dönünce, Pelin'in sıkıştırıp top haline getirdiği bir avuç kum alnında patladı. Yüzü gözü kum içinde kalan çocuk, "Anneee..." diye ağlamaya başladı. Onlar da oğlanlara bağırıyorlardı, çocuk hırsla kızlara su attı. Defne buna bir avuç kumla cevap verdi. Kavga iyice kızışmıştı. Bağırışmalar, ağlaşmalar gırla gidiyordu.

"Ne oluyor, çocuklar, durun," diye bir ses duyuldu. Gelenler ikizlerdi.

Defne onlara doğru koşarak, "Elvan Abla, İrem Abla, bu çocuklar şu kızı köşeye sıkıştırmış, habire su atıyorlardı. Biz de onu kurtarmak için kum attık," dedi.

Elvan etrafına bakındı. Her yer kum ve su içindeydi. Havuzun içinde bir kız köşeye sinmiş, ağlıyordu. Oğlanların yüzü gözü kum içindeydi. Defne'yle Pelin'in yanakları al al olmuş, elleri kum, vücutları su içindeydi.

Oğlanlardan daha büyükçe olanı diklenerek "Bunlar ukalalık ettiler de onun için su attık onlara, ne karışıyorlar işimize?" deyince, Elvan bir hışım ona doğru yürüdü.

"Neymiş bakalım o önemli işiniz ha? Şuradaki küçük kızcağızı ağlatmak mı?"

"Birazcık kovasıyla oynamak istedik, vermedi, biz de kızdık, biraz su attık o kadar."

"Size kovasını vermeye zorunlu mu? Kendi kovanızla oynasanıza. Bir daha böyle zorbalık yaptığınızı görürsem sizi bir güzel şikâyet ederim, bir daha da bu havuza giremezsiniz. Anlaşıldı mı?"

Elvan'ın iyice tepesi atmış, bağıra bağıra azarlıyordu yaramazları. Defne ise onun arkasına geçmiş, eliyle oğlanlara, "Oh, oh!" işareti yapıyordu.

İrem küçük kızı havuzdan çıkardı, getirip Pelin'le Defne' nin yanına oturttu. Küçük kızın sarı saçları sırılsıklamdı, ellerini yüzünden çekince masmavi gözleri ortaya çıktı.

"Kovam," dedi. "Kovamı da düşürdüler."

İrem yeniden havuza gidip suların üstünde yüzen kırmızı bir kovayı havada salladı.

"Bu mu?"

"Evet, evet." Küçük kızın ilk kez yüzü gülmüştü.

İrem sordu. "Senin adın ne?"

"Sevimhan."

"Ne güzel ismin var senin. Bunlar da Defne ve Pelin. Haydi artık yüzün gülsün, kovanı da bulduğumuza göre, yeni arkadaşlarınla rahat oyna bakalım."

Üç küçük kız kum ve su savaşı sırasında bozulmuş olan kumdan kalelerini onarmaya koyuldular. Bu arada da iyice kaynaşmışlar, birbirleriyle ilgili epeyce bilgi edinmişlerdi. Pelin Ankaralı, Sevimhan ise Mersinliydi. Sevimhan da Pelin gibi kampa yeni gelmişti, annesi de babası da öğretmendi, Maviş adlı bir kedisi vardı. Babası izin vermediğinden kampa getirememişti. Defne kampın en eski müşterisi olmanın verdiği bir ayrıcalıkla kamp olaylarını anlatıyordu.

"Sonra boğa az kaldı Emine'yle Şerife Abla'ya vuracakmış."

"Ay... ay..." diye bağırıştı yeni arkadaşları. Defne bu ilgiden pek mutlu, öyküsünü sürdürdü. "Ama son anda bizim kahraman Benek onları kurtarmış."

"Benek şimdi nerede?"

"Ona buraya gelmek yasak. Nilgün Ablam onu uzaktaki kayalıklardan denize sokuyor, kendi buraya geleceği zaman da, çadırının yakınındaki ağaca bağlıyor."

"Onu biz de sevebilir miyiz?"

"Tabii! Benek çocukları çok sever, hiç ısırmaz."

Sevimhan sordu. "Peki Emine nerede?"

Defne elini sallayarak "Ooo, o çoktan evine döndü. Boğalı serüvenden birkaç gün sonra annesi gelip onu aldı. Şükrü Amca da Emine'yi ne kadar çok seviyordu. İstediği kadar gazoz içmesine izin veriyordu. Keşke benim de kampçı bir dayım olsaydı ya da postacı."

Pelin, "Ben dondurmacı bir dayıyı yeğlerdim," dedi.

Sevimhan atıldı. "Ben lunaparkçı bir dayı isterdim."

O sırada üzerlerine düşen bir gölge, bu sohbeti sona erdirdi. Gelen Şükrü Amca'ydı.

Defne, "Şükrü Amca, bakın bunlar benim yeni arkadaşlarım Pelin'le Sevimhan," diye tanıştırdı.

Şükrü Amca gülümsedi. "Biliyorum biliyorum."

O sırada Nilgün de yanlarına gelmişti. "Günaydın, bıdıklar. Yeni bir arkadaş mı?" derken Sevimhan'a bakıyordu. "Bu sabah çok şanslısın, Defne."

"Evet, bu arkadaşın adı da Sevimhan."

"Hoş geldin Sevimhan." Nilgün, Şükrü Amca'ya dönerek sordu. "Şükrü Amca, Defne'yle Pelin bu sabah eski bir para bulmuşlar, onu nereye teslim etmeleri gerek?"

Defne bir hışımla, "Sana ne bizim paramızdan! Şuna bak, kendisininmiş gibi soruyor!" dedi Pelin'in de yüzü allak bullak olmuştu.

Şükrü Amca ilgiyle onlara döndü. "Nereden buldunuz o parayı?"

Defne, "Kampın ta öbür ucunda," dedi.

Şükrü Amca, "Anladım, anladım," diye başını salladıktan sonra, "Oralarda epeyce kalıntı var, elim deyip de o bölgeyi temizlemedim, kim bilir neler çıkar. Hoş, civar köylerin çocukları gelip gelip paraydı, eski gözyaşı şişesiydi, ne varsa toplayıp götürüyorlar," diye açıkladı.

Defne, Şükrü Amca'nın bu sözü üzerine Nilgün'e sessizce, "Ben sana demedim mi?" dercesine başını salladı.

Şükrü Amca hiçbir şeyin farkında olmadan sözünü sürdürdü. "Ama bulunanların müzeye teslim edilmesi gerek."

Bu kez de Nilgün, Defne'ye, "Ben sana demedim mi?" dercesine baktı.

Defne, "Ama Şükrü Amca, o parayı biz bulduk. Hem sadece bir tanecik," diye titreyen bir sesle söze başladı.

Şükrü Amca bir kahkaha attı. "Pekâlâ, pekâlâ. Sizin olsun."

Göz göze gelen Pelin'le Defne rahat bir soluk aldılar.

Şükrü Amca bir yana, Nilgün öbür yana gidince Sevimhan sordu. "Ne parası bu?" Pelin'le Defne bir an birbirlerine baktılar. Bu bakışlar "Acaba söylesek mi" dercesineydi. Sevimhan'sa mavi gözlerini açmış, bir ona, bir öbürüne bakıyordu.

Sonunda Pelin, "Söyleyelim, söyleyelim," dedi.

Defne, Sevimhan'ın kulağına eğilerek, "Sana büyük bir sır vereceğiz ama kimseye, hiç kimseye söylemeyeceğine söz ver," diye fısıldadı.

Sevimhan gözleri iri iri, "Söz veriyorum, kimseye söylemeyeceğim," diye yanıtladı.

"Ama bir de sözünden dönersen, ben de Pelin de ömrümüzün sonuna dek konuşmayız ona göre."

Sevimhan sabırsızlanarak "Kimseye söylersem ağzıma kocaman bir sıçan girsin," dedi.

Sevimhan'ın bu kesin tavrı üzerine Defne, önce iki yanına baktı, sonra yine onun kulağına eğilerek açıkladı. "Bu sabah biz gizli bir yer bulduk. Esrarlı Tünel'den geçip Dilek Kuyusu'na geliyorsun. Orada kuyuya bir taş atıp dilek diliyorsun ve dileğin hemen oluyor."

"Yaa!"

"Şşşt, bağırmasana öyle. Konuştuklarımızı kimse duymamalı."

Üç küçük kız iyice birbirlerine yaklaşıp fısıldaşmalarını sürdürdüler.

"Oradan sonra da Köpüklü Uçurum geliyor."

Sevimhan bu garip isimlerden bir şey anlamamışçasına Defne'ye baktı. "Ama siz gizli yer dediniz, şimdi de uçurum diyorsunuz. Ben uçurumdan korkarım, ben kuyudan da korkarım. Tünellerden de korkarım. Bir kez karanlık bir tünelden geçmiştik de, tünelden çıkana dek gözlerimi yumup başımı annemin kolunun altına sokmuştum."

Defne'yle Pelin umutsuzluk içinde birbirlerine baktılar. Bu

küçük kıza gizli yeri nasıl anlatacaklardı? Defne bir daha denemeye karar verdi. "Korkacak bir şey yok, o isimleri biz verdik bir kez." Sonra içi sıkılıverdi, bir soluk alıp çabuk çabuk, "Seni oraya götüreceğiz nasıl olsa, o zaman neler anlatmak istediğimizi gözünle görür, korkacak bir şey olmadığını anlarsın," dedi.

Pelin, "İşte sözü edilen parayı orada bulduk," diye ekledi.

Defne, "Ama Nilgün, yani benim ukala ablam, parayı ille de müzeye vermemiz gerektiğini söylüyor. Bulunan eski şeyler müzeye verilirmiş," diye yakındı Sevimhan'a.

"Ay, ne kadar kötü."

Defne memnunlukla başını salladı. Sevimhan sonunda olayı kavramaya başlamıştı.

"Kötü ya. Biz bulmuşuz, ne diye verecekmişiz?"

Pelin, "Hem kim bilir, belki de biz bulalım diye periler bırakmıştır onları oraya," dedi.

"Ayy, ben perilerden çok korkarım."

Defne'yle Pelin yine birbirlerine baktılar, Sevimhan'ı sırdaş yapmakla hata mı etmişlerdi acaba?

"Sen de her şeyden korkuyorsun," dedi Defne.

Pelin, "Ben peri derken, o güzel ve iyi perileri demek istemiştim," dedi.

Sevimhan'ın gözlerindeki kuşku siliniverdi. Defne sözünü sürdürdü. "Onun için Pelin'le karar verdik, bundan böyle bulduklarımızdan hiç söz etmeyeceğiz. Orada bir yer bulup saklayacağız. Bizim 'gizli hazinemiz' olacak orası."

Tüm korkularına karşın, Sevimhan'ın böylesi bir sırra ortak edilmekten duyduğu mutluluk yüzünden okunuyordu.

Defne, "Şimdi kendimize bir isim bulmalıyız," dedi.

Bir sessizlik oldu, hepsi düşünüyorlardı, sonra Sevimhan birden, "Gizli Üçler," deyiverdi. Öbür iki kız hayretle aralarına yeni gelen küçük kıza baktılar. Sevimhan grubuna katkıda bulunmaktan mutlu, açıkladı.

"Ağabeyim Atilla, hep serüven kitapları okur, sonra da bana anlatır. Gizli Yediler, Afacan Beşler... Üç kişi olduğumuza göre, biz de Gizli Üçler olalım."

Defne sordu. "Çok akıllısın Sevimhan. Sen okula gidiyor musun?"

"Tabii... İkinci sınıfa geçtim. Hem de pekiyiyle... Çok güzel resim yaparım ben..."

Defne, "Resim dedin de aklıma geldi, bizim bir de rozetimiz olmalı. Toplantı yaparken eski paraları ararken rozetlerimizi takarsak daha önemli oluruz," diye yine parlak bir öneriyle arkadaşlarını etkileyiverdi.

Bu fikir kızların pek hoşuna gitmişti, bir süre de rozetin nasıl olması gerektiği üzerinde tartışıldıktan sonra küçük yuvarlak kâğıtlar üzerine, üç arkadaşı simgeleyen üç papatya resminin yapılmasına karar verdiler. Çizimi en kolay çiçek, papatyaydı!

O sırada kendilerini çağıran sesler duyuldu. Öğleden sonra oyun bahçesinin yanındaki banklarda, rozetleri hazırlamak üzere sözleşerek ayrıldılar.

Defne yeni arkadaşları Sevimhan ve Pelin'le Müzeyyen'le birlikte olduğu zamanları aratmayacak günler geçiriyordu. Bir kez tüm kampı arkadaşlarına göstermiş, her köşesini gezdirmişti. Yüzme derslerine hep birlikte gidiyorlar, öğleden sonraları oyun bahçesinde bol bol oynadıktan sonra doğru gizli hazinelerinin yolunu tutuyorlardı.

Gizli hazinelerine gidecekleri zaman, aralarında fısır fısır konuşup karar veriyorlar, sonra rozetlerini yakalarına takarak ayrı ayrı yollardan gidip belli bir yerde buluşuyorlardı. Tüm bu önlemler, büyükleri onların sırlarını anlamasın diyeydi. Ayrı yönlerden gelen üç küçük kız, Esrarlı Tünel'in ağzında buluşup yeşilliklerin içine dalıyorlar, oynaya sıçraya Dilek Kuyusu'na geliyor, sonra da kırık mermer taşlar arasında zevkli uğraşlarına koyuluyorlardı.

"Bak Pelin, bak Sevimhan, o şişe gibi şeylerden bir tane daha buldum."

Pelin'le Sevimhan koşarak Defne'nin yanına geldiler. Defne elinde incecik cam bir şişe tutuyordu, güneş vurdukça çeşitli renkler yanıp sönüyordu şişede.

"Ne kadar güzel," dedi Pelin. "Ama bu bir masanın üzerinde duramaz ki. Baksana, altı yusyuvarlak."

"Doğru ya, ama kim bilir ne için böyle yapmışlar. Nilgün'e sorabilseydik, o bize mutlaka bunun ne olduğunu söylerdi. Biz şimdilik bunlara garip şişecikler diyelim olsun bitsin."

Sevimhan sordu. "Gizli hazinemize bugün bakmayacak mıyız?"

"Ama daha dün baktık ya Sevimhan," dedi Pelin.

"Olsun, olsun. Öyle çok çalışıyor, arıyor, ama öyle de az şeyler buluyoruz ki..."

Defne, "Yoo, hiç de değil Sevimhan. Bulduklarımız belki az ama değerli şeyler," diyerek emeklerini savunduktan sonra, "Ama yine de gizli hazinemize bir bakalım, madem istiyorsun," dedi. Aslında gizli hazineye bakmaya kendi de bayılıyordu.

Çocuklar topladıklarını büyükçe bir kaya oyuntusunun içine yerleştirmişler, sonra da oyuğun önünü yosunlarla kaplı bir başka kaya parçasıyla kapatmışlardı. En büyük zevkleri, o yosunlu kaya parçasını kenara çektikten sonra, oyuğun içindekileri çıkarıp temizlemek ve saymaktı. Hele de saymak. Kısa süre içinde pek çok şey bulmuşlardı. Bir kez buldukları paranın sayısı dokuza çıkmıştı ki doğrusu bu kadar para bulacaklarını hiç ummamışlardı. Sonra o garip şişecikler diye adlandırdıklarından da beş tane bulmuşlardı. Özellikle iki tanesi çok, çok güzeldi, tuhaf bir camdan yapılmıştı. Sanki gökkuşağını alıp camın içine yerleştirmişlercesine güneş vurdukça renk renk sedefli pırıltılar saçıyordu bu şişecikler. Diğer üç şişenin camı hafif yeşilimsiydi. Bir de üzeri taşlaşmış deniz kabuklarıyla kaplı, ağzı kırık bir testi bulmuşlardı. Ama işin garibi, bu testinin de altı yuvarlaktı.

Sevimhan, "Ne tuhaf insanlarmış bunları kullananlar. Şişelerinin altı da testilerinin altı da bir yere konabilecek gibi değil," demişti testiyi ilk gördüğünde.

Pelin sevinçle ellerini çırparak, "Ne çok şeyimiz oldu değil mi çocuklar?" dedi, sonra her seferinde yaptıklarını bu kez de yineleyerek yüksek sesle paraları, şişeleri ve kırık testiyi saydılar.

Defne, "Tam dokuz tane eski para, beş tane garip şişecik ve bir büyük testi," diye sonucu bildirdi. "Ağzımızı çok sıkı tutmalıyız. Büyükler bir öğrenirlerse gizli hazinemizi elimizden alırlar."

Sevimhan, "Şu kayayı yerine koyduktan sonra hemen dönelim, burada çok kalınca annem merak ediyor, nerelerdeydin diye sorup duruyor," dedi.

Pelin de ekledi. "Evet, evet benim annem de geçen gün, 'Neler yapıyorsunuz siz öyle, fısır fısır konuşup?' dedi de ne diyeceğimi bilemedim."

Defne, "Çok dikkatli olmalıyız. İki haftadır çok çalıştık, neler neler topladık. İsterseniz bir süre gelmeyelim buralara," diye önerdi.

Pelin bu öneriyi destekledi. "Evet evet, yoksa iyice kuşkulanacaklar."

Gizli hazinelerinin önüne yosunlu kaya parçasını özenle yerleştiren küçük kızlar, oraya bir süre gelmeme kararı alarak Esrarlı Tünel'lerinden geçip kamp yerine döndüler.

Aradan birkaç gün geçmişti. Nilgün biber ağacının altına oturmuş, kitap okuyordu. Bir gün önce güneşte fazla kaldığından omuz başları acıyordu, onun için bu sabahı sakin sakin kitap okuyarak geçirmeye karar vermişti.

Birden Benek'in koşarak kendisine doğru geldiğini gördü. Köpekçik hızla yanına geldi, ağzında bir şey tutuyordu.

Benek ağzındakini, Nilgün'ün yanına bırakıp keyifle kuyruğunu sallamaya başladı. Belli ki ödüllendirilmek istiyordu. Nilgün başını okşayınca kuyruğunu daha da şiddetle iki yana salladı.

"Ne getirdin bakayım?" diyen Nilgün kitabını bırakıp yerde pırıldayan cismi eline aldı. "Aa, bir gözyaşı şişesi. Nereden buldun bunu, Benek? Hem cam şeyler ağza alınmaz, ya ağzını kesseydin?" demesine kalmadı, Benek havlayarak geri döndü ve bir anda karşı çalılıkların içinde kayboldu.

Nilgün şişeyi inceliyordu. "Ne de güzel renklerle yanıp sönüyor, sanki sedefli," diye mırıldandı. Kısa süre içinde Benek yine belirmişti, koşa koşa geliyordu, yine ağzında bir şey pırıldıyordu. Nilgün oturduğu yerde doğrularak Benek'i bekledi. Benek kuyruğunu keyifle sallayarak karşısında durdu, ağzında bu kez başka bir gözyaşı şişesi vardı.

"Şişe deposu mu buldun ne? Nereden getiriyorsun bunları?" Bu soru üzerine, köpek yeni getirdiği şişeyi onun ayaklarının dibine bıraktıktan sonra geriye dönüp kesik kesik havlamaya başladı. Bir ileri, bir geri koşuyor, havlıyor, kuyruğunu sallıyordu, "Beni izle" dercesine. Nilgün kitabını otların arasına bırakıp Benek'i izlemeye başladı.

Kısa süre içinde bodur ağaççıkların oluşturduğu tünele geldiler. Daracık bir patika kıvrılarak kampın kullanılmayan bölgesine doğru götürüyordu onları. Nilgün şaşkınlık içinde yeşil tüneli geçti, düzlüğe geldiler. Kuru kuyuyu, paslanmış kovayı gördü.

Nilgün, "Buraları bilmiyordum doğrusu. Şükrü Amca'nın sözünü ettiği kullanılmayan bölge olmalı. Hani bizim küçüklerin para buldukları yer, ne dersin Benek?" deyince, Benek daha hızlı havladı ve bir kayanın önünde durdu. Kayaya bakarak havlıyor, havlıyor, patisiyle daha önceden açtığı çukuru derinleştiriyordu. Nilgün dikkatle bakınca bunun bir oyuk olduğunu, önünün de bir kaya parçasıyla kapatılmış olduğunu anladı. Benek kayayı azıcık yana itebilmiş, sonra yumuşak toprağı eşeleyip patisini içeri uzatacak kadar bir yer açmıştı. Nilgün oyuğu kapatan kaya parçasını kenara çekti, eğilip oyuğun içine bakınca, "Neler varmış burada!" diye bağırmaktan kendini alamadı. Benek içeri atlamak isteyince, Nilgün onu engelledi.

"Otur Benek, sen içeri girersen her şeyi kırarsın," deyince Benek sabırsızlığını belirterek oturdu, ama her an ayağa fırlamak üzere olduğu, iğreti duruşundan belliydi.

"Vay vay vay, neler varmış burada? Eski paralar, Defnelerin bulduğundan..." derken Nilgün bir an durakladı. "Bu işte bir iş var ama ne? Biri bunları toplayıp buraya saklamış, hem de ne özenle. Baksana Benek, yerlere kâğıt peçeteler döşemiş, paraları, şişeleri bu peçetelerin üzerine dizmiş. Hepsi de iyice temizlenmiş."

Benek de oturduğu yerden kafasını uzatmış, merakla bakıyordu.

"İyi ama Benek, bunları buraya saklayan kim acaba?"

Benek koskocaman esneyerek başını öte yana çevirdi.

"Kimse kim, beni yalnız oraları karıştırıp oynamak ilgilendirir diye düşünüyorsun, değil mi yaramaz köpek? Aa... bak bir de kırık testi var."

Nilgün her şeyi teker teker inceledikten sonra, "Hiçbir şey anlamadım ama yine de gidip Şükrü Amca'ya haber vermeliyiz derim ben, Benek. Sen ne dersin?" dedi.

Benek'in artık iyice canı sıkılmıştı. Başını patilerinin üzerine koymuş, boş gözlerle alttan alttan Nilgün'e bakıyordu.

"Haydi kalk bakalım, gidip Şükrü Amca'ya haber verelim."

Benek'le birlikte yeşillikli küçük patikadan geri döndüler. Herkes öğlen yemeğine çıkıyordu. Nilgün'ü gören anneanne seslendi. "Nilgün yavrum, nerelerdeydin? Şerife biraz dinlenmek istediğini söyledi. Merak ettim, çadırınıza gelip seni aradım ama orada da yoktun."

Anneanneyle dedenin ardından üç küçük kız sökün ettiler. Defne, "Nigocuğum, niye denize gelmedin, öyle eğlendik ki!" dedi.

"Bakıyorum herkes beni aramış bugün. Ama sabahleyin ben neler buldum neler."

"Neler buldun, söylesene."

"Haydi, Nilgün Abla."

"Bu keşif aslında Benek'in. Ben ağacın altına oturmuş, kitabımı okuyordum ki Benek ağzında bir gözyaşı şişesiyle çıkageldi."

"Ne şişesi dedin, Nilgün Abla?"

"Gözyaşı şişesi. Çok eski devirlerde, hanımlar, kocaları denizlere açılınca ya da savaşa gidince, onları beklerken ağlarlarmış. Gözyaşlarını da bu şişelere akıtır, onların içinde saklarlarmış," dedi Nilgün çabuk çabuk, ezbere bir parça okurcasına.

"Yaa!" Üç küçük arkadaş ağızları açık, hayretle dinliyorlardı. Hani Nilgün'ün böylesi duygu dolu bir konuyu anlatışı hiç de duygusal değildi!

"İşte size bir gözyaşı şişesi," deyip Nilgün cebinden çıkardığı şişeciği onlara gösterince bir başka ünlem yükseldi üç küçük arkadaştan.

"Ayy!" Bu kez sesler acı doluydu.

Nilgün, "Ne oluyor sizlere bir ayy, bir vayy?" dedi şaşkınlıkla.

Pelin titrek bir sesle sordu. "Nilgün Abla, Benek bu gözyaşı şişesini nereden bulmuş, biliyor musunuz?"

"Evet, gelelim işin o yanına. Çok ilginç. Benek havlayarak beni bir yerlere götürmek istediğini anlatınca onu izledim. Kampın ta sınırına kadar götürdü beni. Çok şirin, minicik bir yolu var. Orada bir oyuğun içinde saklanmış epeyce eski para ve gözyaşı şişesi vardı."

Pelin'le Sevimhan göz göze geldiler. Defne ise, Benek'i

eline geçirirse, bir kaşık suda boğabilirdi. Öldürücü bakışlarla köpeğe bakıyordu.

"Bir de kırık anfora vardı."

"Ne vardı ne vardı?" Bunu soran dedeydi.

"Eskiden su, zeytinyağı gibi sıvıları saklamak için kullanılan bir çeşit testinin adıymış anfora, dedeciğim."

Küçüklerin artık kuşkuları kalmamıştı. Benek, hain Benek, onların onca çabayla toplayıp sakladıkları gizli hazinelerini bulmuş, o da yetmiyormuş gibi, Nilgün'e, hem de Nilgün'e göstermişti.

Nilgün, "Ne oluyor size? Yüzleriniz allak bullak?" dedi.

Önce derin bir sessizlik ortalığı kapladı, sonra Defne, "A... ama... onlar b-bizim!" diye kekeleyiverdi.

"Yaa, anlamalıydım. Demek onları siz bulup sakladınız."

"H...hem de ne çok çalıştık."

"Tam iki koca hafta."

Sevimhan, "Nilgün Abla, gizli hazinemizi müzeye verecek misin?" derken ağlamaklıydı. Onların perişan hali Nilgün'e dokundu. Daha bundan birkaç hafta önce kendisi ve arkadaşları Benek için aynen bu biçimde Şükrü Amca'ya yalvarmıyorlar mıydı? Şimdi de Defne ve arkadaşları bir başka dilek için ona bakıyorlardı aynı yalvaran bakışlarla. Bir an bocaladı. Ama kurallar da vardı uyulması gereken. 'Sorumlulukları, kuralları düşünür oldum. Oysa kısa süre öncesine kadar pek aldırmazdım. Eğer büyümek buysa, zor işmiş,' diye düşündü ince bir hüzünle, sonra küçüklere bakarak ondan umulmadık bir yumuşaklıkla konuştu.

"Size daha önce de söyledim, bulunan tarihî eşya ya da eser müzeye verilir. Herkesin görebilmesi, yararlanabilmesi için orada saklanır. Tarihi eşya gören herkes alır da kendine saklarsa ne olur sonunda? Değil mi ya?"

"Değil." Baş kaldıran Defne'ydi.

Tüm iyi niyetlerine karşın pek de sabırlı bir kız olmayan Nilgün, "Defne, saçmalama lütfen," deyiverdi.

"Sen de ukalalık etmesen olmaz. Hem sana ne, onları biz bulduk, vermeyeceğiz işte, vermeyeceğiz!" Defne sonra hızını alamayarak bütün bunlara neden olan Benek'e hışımla, "Kötü kalpli köpek, seni asla bağışlamayacağım. Duyuyor musun, asla bağışlamayacağım!" diye bağırdı.

Benek başını yana eğmiş, hayretle Defne'ye bakıyordu.

Anneanne, Defne'nin haline üzüldü. "Yavrucuğum, bunca üzüntüye değer mi?" Bu sözleriyle Defne'yi avutmak istediyse de başarılı olamadı. Üç arkadaş bir ağızdan konuşuyorlardı şimdi.

"O kadar da uğraştık..."

"Bizim gizli hazinemiz..."

"Biz şimdi ne yapacağız? Hep o köpeğin yüzünden."

O sırada yanlarına gelen Pelin'in annesine de durum anlatılınca o da Nilgün'e hak verdi. Her zaman gülen gözleri kızına bakarken ciddiydi.

"Hayatta her istediğimizi yapamayız, yavrum. Kurallara uymak zorundayız," dedikten sonra üç küçüğe bakarak gülümsedi. "Hem bakın size ne söyleyeceğim. Siz çok büyük bir iş yaptığınızın farkında bile değilsiniz."

Bu sözler küçüklerin ilgisini çekmişti, gözlerinde biriken yaşları silerek kulak kesildiler. Nasıl bir büyük iş yapmışlardı acaba?

Pelin'in annesi üç küçük arkadaşın yüzlerine teker teker bakarak inandırıcı bir biçimde konuşmaya başladı. "Tarihî eserler buldunuz. Müze sizin sayenizde zenginleşecek. Kim bilir, gün gelecek, sizler büyüyüp koca kadınlar olduğunuzda, çocuklarınızın elinden tutup o müzeye gittiğinizde, 'Bak yavrum, ben senin yaşındayken, şu gördüklerini bulmuş, müzeye teslim etmiştim. O gördüklerinizi oraya ben koydurdum,' diyebileceksiniz. Çocuklarınız sizinle övünecek."

Kızını almak için gelen Sevimhan'ın annesi de tüm konuşmalara tanık olmuştu. Yüzünde yumuşacık bir ifadeyle kızına bakıyordu. Pelin'in annesi, Sevimhan'ın annesine dönerek, "Siz ne dersiniz?" dedi.

Sevimhan'ın annesi yüzündeki ifadeye uyan yumuşacık bir sesle konuşmaya başladı. "Ben derim ki topladıklarını kendileri götürüp yine kendiliklerinden müze müdürüne teslim etsinler. Biz hiç karışmayalım. Onlar akıllı çocuklar, doğru yolu seçeceklerinden eminim."

Küçükler öylece oldukları yerde kalakalmışlardı. Çelişik duygular içindeydiler. Bir yandan vermek istemedikleri güzel eşyaları, öbür yandan özveride bulunup gerekeni yapmak... Birbirlerine baktılar, dakikalar saatler gibi uzuyordu sessizlikte.

Sonunda Sevimhan, "Peki anneciğim," dedi gönülsüz gönülsüz... Defne içini çekerek, "Haydi gidip hazinemizi taşıyalım," diye ona katıldı.

Pelin, "Ama müze müdürüne biz kendimiz verelim," dedi.

Pelin'in annesi, "Tabii ki siz vereceksiniz. Bulan sizsiniz. Yalnız şimdi tam yemek vakti, önce yemeklerinizi yiyin, uykunuzu uyuyun, öğleden sonra Nilgün Ablanızın da yardımıyla her şeyi yukarı taşırsınız," derken kızının kısacık saçlarını okşuyordu.

Anneanneyle dede olanları sessizce izlemişlerdi. Çocukların onca sevdikleri, bulmak için onca emek verdikleri paralardan, şişelerden ayrılabilmeleri onlara hem dokunmuş hem de böylesine olgun davranmaları övünç vermişti.

Dede, "O iş bitince de ben sizi arabamla Narlıkuyu'ya götüreceğim, hep birlikte çay içeriz, sonra da hemen oracıkta incik boncuk satan bir yer var. Üçünüz de beğendiğiniz bir şey seçeceksiniz, artık kolye mi olur, bilezik mi bilemem, bu da benim size armağanım olacak," deyince hüzünlü küçük yüzler aydınlanıverdi. Nilgün sevgiyle dedesine baktı. Nasıl da çocukların halinden anlardı biricik dedesi...

Anneannesiyle dedesinin ortasında lokantaya doğru yavaş yavaş yürürken, Defne kaşlarını çatmış, 'Doğru olanı yaptık ama yine de Benek'i ömrüm boyu bağışlamayacağım,' diye düşünüyordu.

19. BÖLÜM

ADADA BİR PİKNİK

Motor iskelede pat pat ediyor, pikniğe katılacak olan kamp müşterileri ellerinde plaj çantaları, hızlı hızlı iskeleye doğru yürüyorlardı.

Çocukların uzun süredir planladıkları adada piknik, yine tam bir birlik içinde çalışma sonucu gerçekleşmişti. Mert danışmada, Emre ise kamp içinde, özellikle de genç İsviçreli karı kocayla, iki kadının kaldıkları karavanların önünde abartılı bir biçimde pikniği duyurmuşlardı. Şerife, piknik duyurusunu güzel çizgisiyle kâğıda döküp lokantanın duvarına asmış, Nilgün biletleri, masrafları, hesap kitap işini yüklenmişti. Elvan'la İrem de Esma Fazıla Teyze'nin ve Cemal Usta'nın yardımlarıyla nefis kumanyalar hazırlamışlardı.

Emre elinde çıngırak, "Haydi kalkıyor, kalkıyor!" diye bir kez daha bağırdı.

Anneanneyle dede, yaşlı Fransız çift, sakallı genç İsviçreli ve karısı, Hortlak'la kocası çoktan motora yerleşmişlerdi bile. Esma Fazıla Teyze'ye gelince, o motora binmekten korktuğu için pikniğe katılamamış, "Benim yerime siz eğlenin, dönünce olanı biteni bana anlatırsınız," demişti.

Çocukların bir bölümü ilk partiyle, geri kalanı da ikinci partiyle adaya gidecekti. Motorun onca kişiyi bir anda taşıması olanaksızdı. Büyük bir piknik olacaktı bu. Ardı ardına biletleri keserken, Nilgün pek keyifliydi.

Defne, Sevimhan ve Pelin bir ellerinde kova kürek, öbür ellerinde bebekleri, boyunlarında da can simitleriyle adeta taşınırcasına iskelede göründüklerinde Elvan, "Çocuklar, bunca şeyi taşıyıp da ne yapacaksınız? Sadece kovalarınızı alsanız yetmez mi?" dedi.

"Ama Elvan Abla, bebeklerimiz de pikniğe gelmek istiyorlar. Biz bebeklerimizsiz gidemeyiz," diye yanıtladı Defne.

Emre oltasını almıştı, balık tutacaktı. Genç İsviçreli gitarını da getirmişti, sarı kabarık saçlı, uzun boylu bir kadın olan karısı elinde fotoğraf makineleri taşıyordu.

Motor dolunca ilk grup hareket etti. Biraz yol aldıktan sonra, yaşlı Fransız, Emre'yle Nilgün'ü yanına çağırdı, sonra eğilerek Nilgün'ün kulağına bir şeyler fısıldadı. Nilgün'ün gözleri parlamıştı, o da hemen Emre'ye eğilerek "Bak, ne diyor, kamptaki casusu bulmuş," diye fısıldadı.

"Deme."

"Dedim bile."

"Kimmiş?"

"Genç İsviçreli, hani şu sakallı olan."

"Ben demedim mi? Yanılmamışım demek, vay canına."

"Bu konuyu yaşlı dostumuzla konuştuğumuzdan beri onu izliyormuş. Artık eminim diyor. Bugün de siz onu dikkatle izlerseniz, anlarsınız dedi."

"Ben onu çoktandır izliyorum zaten. Onca mektubu boşuna mı yollayacak? Ah bu çok iyi, çok çok iyi. Artık ona özel ilgi gösterebiliriz."

"Aman Emre, sakın belli etme."

"Hiç belli eder miyim, sen o işi bana bırak."

İkinci motor seferi de sona erdiğinde, herkes adaya çıkmıştı artık. Emre'yle Nilgün arkadaşlarına, kamptaki casusun kimliğini fısıldayınca grupta bir dalgalanma oldu. Hepsi heyecanlanmışlardı, gözlerini yıkık duvarların, karşı kıyının fotoğraflarını çekmekte olan İsviçreliden alamıyorlardı.

"Görüyor musun bak, nasıl her yerin fotoğrafını çekiyor."

"O iki kadının gazeteci çıkmadıklarına nasıl seviniyorum bilemezsin, Emre. Bugünkü pikniğe de katılmadılar."

"Soğuk nevaleler, ne olacak!"

"Kendileri bilir, biz eğlenmemize bakalım."

Turistler kalenin dörtbir yanına dağılmışlar, geziyor, inceliyorlardı. Kimisi merdivenlerden yukarı tırmanmış, manzarayı seyrediyor, kimisi de aşağıya inen merdivenlerden küçük avluya inmiş, kalenin sağlam kalan bölümlerini geziyordu.

İrem, "Buraya ilk gelişimizi anımsıyor musunuz, çocuklar?" dedi. "Ne kötü bir gündü, daha doğrusu ne kötü bir geceydi. Bir daha bu adaya ayak basmam demiştim ama hava böylesine güzel, etraf da kalabalık olunca ne kadar da güzel görünüyor gözüme."

Elvan, "Ya yol boyu anlattığı o korkunç öyküler..." diye takıldı Emre'ye. "Ama daha sonra sen de arpacı kumrusu gibi düşüncelere dalmıştın."

Bu sözleri duymazlıktan gelen Emre, "Ben İsviçreliye göz kulak olmaya gidiyorum," diye oradan uzaklaştı.

Ada ve kale iyice gezilmiş incelenmişti, artık denize girme zamanı gelmişti. Herkes denize atlıyor, dalıyor, yüzüyordu, oysa anneanne büyük bir sorunla karşı karşıya bulunuyordu.

Burada deniz derindi, büyük çocuklar neyse ne de küçükleri nasıl denize sokacaktı? Defne'yle arkadaşları ise, "İlle de gireceğiz!" diye tutturmuşlardı.

"Ama anneanneciğim, can simidimiz var, kolluklarımız var," diye sızlanıyordu Defne.

Anneanne derin derin düşünürken, dede Defne'ye, "Sen git de bana Nilgün'le ikizleri çağır bakayım," deyince, Defne koşarak onları çağırmaya gitti. Dedenin bulduğu çözüm yoluna anneannenin aklı yatmıştı. Nilgün'le ikizler gelince dede, "Haydi bakalım, şimdi önce siz denize gireceksiniz, sonra biz bu küçükleri suya bırakacağız. Can simitleri onları su üstünde tutar, siz de göz kulak olursanız, bu küçükhanımlar da rahat rahat denize girmiş olurlar," dedi.

"Peki dedeciğim, küçükhanımların emrindeyiz," diyerek Nilgün, ardından da ikizler suya daldılar. Pelin'le Sevimhan hem suya girmek istiyorlar hem de korkuyorlardı. İlk kez derin denize gireceklerdi, üstelik ikisinin de anneleri yoktu, Defne'nin anneannesine emanet edilmişlerdi.

"Haydi Pelin, korkma, bak buradayım, haydi canım," diye seslenen İrem'e yavaş yavaş yaklaşırlarken duydukları kuşku küçük yüzlerinden apaçık okunuyordu. Dede önce Pelin'i sonra Sevimhan'ı yavaşça suya bıraktı. Kayaların dibinde beklemekte olan İrem, Pelin'i kucakladı. Elvan da Sevimhan'ı almıştı. Bir süre, küçüklerin alınlarındaki kuşku çizgileri kaybolmadı. Bir iki kulaç attılar, bir iki ayaklarını salladılar. Aa, ne güzel, gerçekten de batmıyorlardı. İşte bunu kendileri anladıkları anda, yüzleri mutlu bir gülümsemeyle parladı. Artık bir ileri bir geri, o koskocaman denizde gidip geliyorlar, kahkahalar atıyorlardı. Kıyıya dönerek Defne'ye seslendiler.

Sevimhan, "Defne, Defne, haydi gel," diyordu.

Pelin, "Kocaman denizde yüzmek ne güzelmiş!" diye bağırıyordu.

Defne'ye gelince, o pek meşguldü. Can simidini geçirdikten sonra oturmuş, kolluklarıyla uğraşıyordu.

Elvan seslendi. "Defne ama olur mu? Hani küçük havuzda o ikisini birden takmaktan vazgeçmiştin?"

Defne, Elvan'ın sözlerini umursamadan, "O küçük havuzdaydı, burası ise büyük deniz," diye yanıtladı.

İrem, Defne'nin haline gülmekten katılacaktı neredeyse, o sırada biraz da su yuttu, aksırdı, öksürdü, "Ay öldürecek bu çocuk beni!" diye gülmesini sürdürdü.

Haklı da olsalar kardeşine gülünmesine içerlemişti Nilgün. Koruyucu ablalık damarı her zaman ağır basardı zaten. Düzgün kulaçlarla bir anda kayalara ulaştı ve ıslık gibi bir fısıltıyla, Defne'yi azarladı. "Çıkar diyorum o kollukları, gülünç oluyorsun! Sana gülmelerini mi istiyorsun? İşte ben buradayım. Sana bir şey olsun ister miyim? Çabuk çıkar diyorum!"

Nilgün'ün ne zaman şaka yaptığını ne zaman da kızgın olduğunu çok iyi bilen Defne, hiçbir şey söylemeden, sessizce kolluklarını çıkardı.

"Gel yanıma."

Defne çekine çekine yaklaştı. Dede onu yavaşça suya indirdi. Nilgün hemen kardeşini kucakladı. Anneanneyle dede olanların farkında değillerdi, boyuna küçükleri övüyor, bir yandan da dikkatli olmaları için uyarılarda bulunuyorlardı, hele de anneanne. Defne'nin alt dudağı titremeye başlamıştı. Nilgün, "Eğer ağlarsan seni bir daha denize sokmam. İşte kucağımdasın, korkacak bir şey yok. Korkun geçene dek seni kucağımda tutacağım," diyerek kardeşiyle birlikte yavaş yavaş yüzmeye başladı.

Elvan hâlâ gülüyordu.

Nilgün öfkeyle, "Bana bak Elvan, eğer kardeşime gülüyorsan, hemen kes o gürültüyü. Yeni bir şeye alışan kişiye gülmek, onu o işten alıkoymaktır en azından. Yok sinirin bozulduysa, git başka yerde gül," dedi.

Elvan'la İrem donakaldılar, Nilgün'ü hiç böyle görmemişlerdi.

"Ben kardeşinle alay etmek için gülmedim ki, Nilgün. O haliyle o denli şekerdi ki, dayanamadım da güldüm," dedi Elvan şaşkınlık içinde.

Neyse ki İrem, "Haydi minikler, suyun içinde el ele tutuşun. Size bir oyun göstereceğim," dedi de gergin hava yumuşadı. Ablaların yardımıyla Sevimhan, Pelin ve Defne suyun içinde el ele tutuşarak bir halka oluşturdular.

İrem, "Tamam, şimdi kaydırak oynayacağız," dedi.

Pelin sordu. "Kaydırak mı?"

Sevimhan inanmaz bir tonda soruyu yineledi. "Suyun içinde kaydırak mı?"

İrem, "Evet, evet, bakın, önce biz yapacağız, sonra da bizim yardımımızla sizler kayacaksınız," dedikten sonra arkadaşlarına dönerek, "Haydi çocuklar, onlara kaydırak oyununu gösterelim. Başla Nilgün," deyince, Elvan'la Nilgün, İrem'in ellerini tutarak bir daire oluşturdular. Nilgün bacaklarını düzgün biçimde uzatarak ikizlerin gerilmiş kolları üzerinden tüm vücudunu yavaşça kaydırdı, aynı anda ikizler, "Hooop!" diye bağırdı.

Küçükler bu oyuna bayılmışlardı, gülüşerek el çırptılar. Nilgün'ün ardından Elvan, en son da İrem kaydı.

Nilgün küçüklere sordu. "Haydi bıdıklar, sıra sizde. İlk kim kayacak?"

"Ben!" derken Defne ablasının gözlerinin içine bakıyordu; bu bakışı yakalayan Nilgün ona tüm sevgisiyle gülümseyerek.

"Aslan kardeşim benim," dedi. Defne bir parça yardım ve hop sesleri arasında kaydı.

"Aferin Defne, çok güzel kaydın," diye hepsi onu alkışlarken, bütün bu şamata içinde Nilgün'le Defne'nin arasındaki sessiz dayanışma ve sevgi, Elvan'ın gözünden kaçmamıştı. Az önceki bağırmasını bağışlamak için sadece bu sevgiyi görmek yeter, diye bir düşünce geçiverdi zihninden o an. Şamata devam ediyordu, herkes suyun içinde hopluyor, zıplıyor, bağırışıyordu.

Küçükler, ikizler ve Nilgün'ün denizde, anneanneyle dedenin de kıyıda denetimi altında uzun uzun yüzdüler, oynadılar. Anneanne artık çıkmalarını söylediyse de önce girmekten çekinen küçükler şimdi de sudan çıkmak istemiyorlardı. Anneannenin büyük bir sabırla birkaç kez, "Haydi artık çıkın, üşüyüp hastalanacaksınız!" diye seslenmesi sonucu, morarmış dudaklar ve titreyen çenelerle isteksiz isteksiz kıyıya çıktılar.

Nilgün, "Anneanneciğim, biz yüzerek adanın çevresinde bir tur atacağız. Bakalım ötekiler ne yapıyor!" diye seslendi denizden.

"Peki ama dikkatli olun."

Üç kız adayı çevreleyen kayaların arasına süzülerek giriyor, çıkıyor, yavaş yavaş yüzüyorlardı. Birden bir ses duydular.

"Nilgüün, Elvan, İrem." Ses yukarılardan geliyordu. Başlarını kaldırıp bakınca Şerife'yi gördüler. Yüksek duvarlardan birine çıkıp oturmuştu, kucağındaki bloknotun beyaz yaprakları rüzgârda çırpınıyordu.

Nilgün bağırdı. "Resim mi yapıyorsun?"

Şerife iki eliyle ağzını çevreleyerek "Evet. Buradan karşı harabelerin görünüşü çok güzel!" diye aşağı doğru seslendi.

Ada çevresinde turlarını tamamlayan ikizlerle Nilgün kıyıya çıkar çıkmaz işbaşı yaptılar. Nilgün çıngırağı sallayarak yemek vaktinin geldiğini duyuruyordu. Küçücük adanın dörtbir yanından çıngırak sesini duyan, gelip yıkık duvarların üstüne, merdivenlere oturuyordu. Elvan'la İrem yiyecek paketlerini dağıtırlarken, Şerife de buz kutusundan gazozları, suları, biraları çıkarıyor, kapaklarını açıyordu.

Küçük paketler açıldığında nefis sandviçler çıktı ortaya. İncecik kesilmiş ekmeklerin arasına tereyağ, hardal, mayonez sürülmüş, bir kata peynir, bir kata tavuk, aralarına da domates, salatalık ve turşu dilimleri özenle yerleştirilmişti. Hem lezzetleri hem görünümleri pek iştah açıcıydı doğrusu. Kâğıttan külahlar içindeki patates cipleri ise kıtır kıtırdı. Kızlar tuz, biber, kürdan ve peçete de koymayı unutmamışlardı paketlerin içine. Meyve olarak da şekerpare cinsinden sarı sarı kayısılar dağıttılar. İkizler ellerinde paketler, bir kez daha piknikçilerin arasında dolaşıp Emre gibi doymayanlara birer kumanya daha verirken "Bunca sandviçi Esma Fazıla Teyze olmasa dünyada yapamazdık," dedi Elvan.

"Her gün sandviç yesem doymam, hele de böylesini," diye yanıtladı ikizini İrem.

Yemekten sonra çocuklar hep birlikte yerlerdeki kâğıtları toplayıp büyük bir kesekâğıdının içine doldurdular, boş şişeler de geri gitmek üzere sepete yerleştirildi.

Güneş yavaş yavaş tepelerin ardından alçalıyordu, artık gitme zamanı gelmişti. Herkes toplanmaya başladı, çok güzel bir gün geçirmişlerdi, yorgun ama mutluydular. Çocuklar çabucak sepetleri, buz kutusunu motora yerleştirdiler. Defne bebeğini, kovasını ve can simidini güçlükle taşıyordu. Arkadaşlarının durumu da onunkinden parlak değildi. Üçü de o gece erkenden uyuyacağa benziyorlardı.

Motor yanaştığında, Şükrü Amca'yı iskelede bekler buldular. Motordan çıkanlara yardım ederken yüzünde geniş bir gülümsemeyle sordu. "Anlatın bakalım, nasıl gitti piknik?"

Hortlak, "Şükrü Bey, sizin yardımcı melekleriniz çok güzel bir gün geçirttiler bize," dedi.

Şükrü Amca, "Aslanlarım benim!" diye bağırdıktan sonra sesini alçaltıp sır veriyormuşçasına onlara doğru eğildi. "Bu gece size özel bir tatlı hazırlattım," der demez de bir kahkaha koptu.

Çocuklar, "Biliyoruz, biliyoruz. Şükrü Amca tatlısı!" diye bağırışınca, Şükrü Amca gözlerini kocaman açarak "Nasıl da bildiniz, ne yaman çocuklarsınız siz böyle!" dedikten sonra bir kahkaha da o patlattı.

Çoktan iskeleye atlamış olan Emre, Şükrü Amca'nın kolunu dürtükleyip duruyordu.

"Şükrü Amca piknik şahaneydi. Ama sadece o kadar mı? Daha neler oldu neler..."

"Neler oldu Emre?"

"Kamptaki casusu, yani meçhul gazeteciyi bulduk sonunda."

"Ne diyorsun?"

"Valla da billa da kim olduğunu öğrendik."

"Kimmiş?"

"O sakallı İsviçreli genç adam."

"Emin misin? Kim söyledi?"

"Yaşlı Fransız var ya o da bizimle çalışıyordu, işte o söyledi. Ben zaten İsviçreliyi izliyordum. Bugün de yanlarından hiç ayrılmadım. Hep fotoğraf çekiyor, sonra her hafta kalın kalın mektuplar postalıyor."

"Yaa!" derken Şükrü Amca düşünceliydi.

Emre sevincinden yerinde duramıyordu. "Şükrü Amca çok güzel yazılar yazacağından eminim, durmadan fotoğraf çekti." Sonra ciddileşip erkek erkeğe konuşurcasına, "Hem laf aramızda, kimseye çaktırmadan ona özel ilgi gösterdim, bu da çok hoşuna gitti." diye ekledi.

Şükrü Amca çocuğun içten haline duygulanarak "Sağ ol yavrum," dedi alçak sesle.

Motor boşalmıştı. Şükrü Amca motorun ipini iskeledeki demir kazığa bağlarken, ötekiler de geldiler. Nilgün heyecanla sordu. "Söyledin mi?"

Emre, "Söyledim," dedi. Hepsinin yüzünde sevinç vardı.

"Artık kim olduğunu biliyoruz, Şükrü Amca."

"Her şeyden çok memnun bir hali vardı."

"Başardık değil mi Şükrü Amca?"

Şükrü Amca etrafını çevirmiş olan yorgun fakat mutlu yüzlere sevgiyle bakarak "Siz başardınız çocuklar. Hem biliyor musunuz, o yazıyı yazmasa da umurumda değil. Sizler bana öylesine mutluluk verdiniz ki bunu dünyalara değişmem," derken gözleri buğulanmıştı.

Şükrü Amca'nın bu sözleri, çocuklarla koca adamın arasında duygu dolu bir sessizlik oluşturuverdi. Sevgi, dayanışma ve dostluk duygularının yoğunlaştırdığı bir sessizlikti bu. Fakat ne yazık ki bu duygusal ortam tiz bir bağırtıyla bozuluverdi.

"Hadisenize çocuklar, ne sallanıp duruyorsunuz! Burada sizi beklemekten ayaklarıma kara sular indi."

Esma Fazıla Teyzenin sesini duyan Nilgün, "Eyvah, Esma Fazıla Teyze bizden piknik haberlerini bekliyordu. Hemen gitmezsek elinden çekeceğimiz var," dedi.

Şükrü Amca da, "Haydi siz koşun, ben geri kalan işleri tamamlarım," dedi, sessizliğin bozulduğuna sevinmiş gibiydi.

Sepetlerini ve buz kutusunu yüklenen arkadaşlar, yukarı sette sabırsızlıkla onları bekleyen tombul ve sevecen kadına doğru hızlı hızlı yürümeye başladılar.

20. BÖLÜM

SON GECE ŞENLİĞİ

Yaz sona eriyor, müşteriler birer ikişer evlerine dönüyorlardı artık. Nilgün'le Şerife'nin de kampta son günleriydi. Ertesi gün öğleye doğru yola çıkacaklar, Şerife'yi evine bıraktıktan sonra uzun İstanbul yolunu tutacaklardı.

Dede arabasını odanın önündeki keçiboynuzu ağacının gölgesine çekmiş, bagajı temizliyordu. Oradan geçmekte olan Göçmen Dayı durdu.

"Yardım edeyim mi, Cevat Bey?"

"Sağ ol Göçmen, ama yapacak pek fazla bir şey yok."

"Demek siz de yolcusunuz?"

"Ee, yolcu yolunda gerek."

"Bu hafta sonuna kalmaz kamp hepten boşalır. Ne yaparsın, gün gelince herkes evine dönecek, bu böyle," diyerek Göçmen Dayı içini çekti.

Terasa çıkan anneanne sordu. "Havluları bavula mı koyayım, yoksa bir naylona sarıp bagaja mı yerleştirirsin?"

Dede, "Bavulda yer yoksa ver," dedi. O sırada temizliği arabanın içinde sürdürdüğünden sesi pek derinden geliyordu. Anneanne yine odaya döndü, giysiler, mayolar, plaj havluları yatakların üzerine yığılmıştı. Yerlerde, kâğıtlar, naylon torbalar, sandaletler karmakarışık duruyordu.

"Ne kadar çok ıvır zıvır var toplanacak," diye mırıldandı anneanne. Tiryakisi oldukları sabah kahvesi için getirdikleri cezve, küçük kahve kavanozu, şeker kavanozu, elektrik ocağı, kahve fincanları, çay bardakları, su bardakları, termos, küçük el radyosu, sabunlar, bisküviler, Defne'nin oyuncakları, deniz kabukları...

Nilgün ise terastaki iskemlenin üzerine tünemiş, dalgın dalgın çekirdek yiyordu.

"Anneanne!" diye odaya seslendi.

"Efendim?"

"İçim bir tuhaf... Tatil sonu bana hem hüzün veriyor hem sevinç. Şu dağınık eşyalara baktıkça hüzünleniyorum, buradakilere öylesine alıştım ki... Sonra, kampın her yerinde bir anımız var. Karşı ada o fırtınalı geceyi, arka harabeler boğayla olan serüvenimizi, kıyıdaki kayalar Benek'i bulduğumuz yağmurlu geceyi, çimenlik ise voleybol maçlarını, cimnastik saatlerini anımsatıyor bana. En kötüsü de arkadaşlarımdan ayrılmak."

Elindeki bluzları hangi valize koyması gerektiğini düşünüyordu anneanne o an, Nilgün'e dönerek, "Her ayrılık yeni bir buluşmanın başlangıcıdır. Bunu böyle düşünürsen hüzünlenmezsin. Arkadaşlarınla birlikte güzel bir tatil geçirdiniz, bu arada da Şükrü Amca'ya gerçekten yardımcı oldunuz," dedi.

Anneannesinin sözleri Nilgün'ün yüzünü aydınlatıvermişti.

"Günlerdir bu geceki gösteri için çalışıyoruz. Az sonra çimenlikte toplanıp son hazırlıkları yapacağız. Biliyor musunuz, anneanneciğim, son gün bir şeylerle uğraşmak iyi oluyor, insanın fazla hüzünlenmesini önlüyor," dedikten sonra birden sevinçle güldü. "Yaz tatilimin nasıl geçtiğini öğrenince İstanbul'daki arkadaşlarım bana çok imrenecekler. Onlara her şeyi anlatmak için sabırsızlanıyorum."

"Sen valizini hazırladın mı?"
"Çoktaaan."
"Ya Şerife?"
"O hâlâ hazırlanıyor."
"Niye aynı zamanda bitirmediniz?"
"Anneanneciğim, Şerife düzenli bir kız, her şeyini iki saat katlıyor, kirli eşyalarını yıkayıp temiz temiz kaldırıyor."
"Tabii sen de kirli, temiz her şeyi bir arada valize tıktın, değil mi?"
"Aman anneanneciğim, bunca temizlenmek de niye? Elime ne geçtiyse koydum, oldu bitti. Hem onca iş arasında tüm arkadaşlarımın adreslerini de aldım. Kışın mektuplaşacağız. Defne bile Sevimhan'la Pelin'in adreslerini aldı. Defne pek böbürleniyor, artık bir Ankara'da, bir de Mersin'de arkadaşı olmuşmuş. Benimse şimdilik Mersin'de tam beş arkadaşım oldu. Bunca adres alışverişi arasında valizimi hazırlarken ince eleyip sık dokuyacak vaktim kalmadı. Gerçi bavulu kapatmak biraz güç oldu ama üstüne çıkıp oturunca pekâlâ da kapandı."
"Ah Nilgün, adam olmazsın sen."
Az ileride Şerife göründü. "Haydi Nilgün, Mert çağırıyor, çimenlikte toplanacakmışız!" diye sesleniyordu.
"Senin işin bitti mi?"
"Bavulum tamam. Çadırın içini de iyice topladım, her şey yerli yerinde."
"Ayy, çadırı toplamak aklıma bile gelmemişti!" diye Nilgün feryadı basınca anneanneyle Şerife gülüştüler. Nilgün elindeki son çekirdek kabuğunu da çöp sepetine atıp arkadaşının yanına koştu.
Anneanne, "Oyun bahçesinden geçerken Defne'ye bir göz atın, çocuklar, az önce Pelin ve Sevimhan'la salıncaklara gitmişti," diye arkalarından seslendikten sonra yine darmadağın odaya döndü.

Akşam üzeri saat altı sularıydı. Çocuklar deniz kenarındaki çimenlikte son gece şenliğinin tüm hazırlıklarını tamamlamışlardı. Çimenliği çevreleyen ağaçların dallarına renkli kâğıttan fenerler, balonlar asmışlar, tahta bankların üzerine tepsiler içinde yiyecek ve içecekleri yerleştirmişlerdi. Bir tepside buzlu limonatalar, bir diğerinde domates, salatalık ve zeytinlerle hazırlanmış rengârenk küçük sandviçler vardı. Üçüncü tepside ise oyulup kâse haline dönüştürülmüş karpuzların içleri çeşitli meyvelerle doldurulmuştu. Müzik sorununu bir teyple çözümlemişlerdi, günün şarkıları her taraftan duyuluyordu.

Birer ikişer gelmeye başlayan kamp müşterileri, son gece için özenle giyinmişlerdi. Uzun, çiçekli etekler, fırfırlı bluzlar, renkli fenerler ve balonlarla bir arada çimenlikte tam bir şenlik havası estiriyordu.

İrem, Emre'ye, "Kendimi büyük bir davette sanıyorum," dedi. Emre dayanamayıp yine böbürleniverdi. "Tabii kızım, kim hazırladı bunları?"

Elvan, "Öylesine deneyim sahibi olduk ki bu yıl okul çayını biz düzenleyebiliriz," diye söze karıştı.

Nilgün sabırsızlıkla, "Başlayalım mı?" derken yine o kabına sığmaz kişiliğini ortaya koyuyordu.

Şerife, "Nilgüncüğüm, daha gelmeyenler var. Hem acele etme, bak daha yiyecekleri yeni ikram ediyoruz." diye onu sakinleştirmeye çalışıyordu.

İrem, "Esma Fazıla Teyze'ye şile bezinden uzun giysisi ne kadar da yakışmış," dedi.

Nilgün, "Keşke benim de bir uzun eteğim olsaydı," diye içini çekti.

Emre, "Hiç boşuna üzülme, arkadaşım, sende bu telaş varken eteğine basar, yere kapaklanırdın," diye takıldı Nilgün'e.

Nilgün, "Tamam tamam, başlıyoruz," diyerek eteğini azıcık çekiştirdi, saçlarını şöyle bir eliyle düzelttikten sonra çimenliğin orta yerine yürüdü. Programın sunuculuğunu Nilgün üstlenmişti.

"Sayın konuklar, çağrımızı kabul edip son gece şenliğine katıldığınız için önce kurum sonra da arkadaşlarım adına sizlere çok teşekkür ederim. Tatil sona erdi, burada çok güzel günler geçirdik. Belki bir başka yaz yine bir araya gelebiliriz."

Emre bu sözler üzerine abartılı bir biçimde, "Öhöö, öhöö!" diye öksürdü.

Nilgün ona ters ters baktı, sonra devam etti. "Şimdi size bu son gece için arkadaşlarımızla düzenlediğimiz gösteriyi sunacağız. Hepinize mutluluklar ve iyi eğlenceler dileriz."

Alkışların dinmesini bekledikten sonra sözünü sürdürdü. "İlk olarak bu yörenin folklor ekibini izleyeceksiniz. Silifke Ortaokulu Folklor Ekibi ve onlarla birlikte oynayacak olan arkadaşımız Şerife!"

Şükrü Amca'nın yardımıyla getirdikleri Silifke Ortaokulu öğrencileri, tahta kaşıklarını şıkırdatarak çimenliğe gelip karşı karşıya durdular. Arkalarından davulunu gümbür gümbür gümbürdeterek davulcuyla tiz sesli zurnacı geliyordu. Şerife arkadaşlarının arasından sıyrılarak oyuncuların arasında yerini aldı.

Emre, Şerife'yi alkışlıyor, bir yandan da, "Aslan Şerife!" diye bar bar bağırıyordu. Bu gösterinin Şerife'yi çok utandırdığı kıpkırmızı olan yüzünden anlaşılıyordu. Şerife'nin yalvaran bakışlarına aldırmayan arkadaşları Emre'ye katılarak onu alkışlıyor, "Şerife, Şerife!" diye bağırıyorlardı.

Davulcunun güm güm vuruşuyla neşeli Silifke havaları başladı. İlk türkü, "Silifke'nin Yoğurdu"ydu. Oyuncularla birlikte Şerife de iki elinde birer çift tahta kaşığı ustalıkla şıkırdatıyor, zıplıyor, dönüyor, diz çöküyordu. Çocuklar kenara dizilmişler, hem elleriyle tempo tutuyor hem de türküyü söylüyorlardı. Biraz fazla bağıran Emre dışında pek de kötü bir koro sayılmazdı hani.

"Silifke'nin Yoğurdu" türküsü bitince zurnacı zurnasını bırakıp keklik gibi ötmeye başladı. O, keklik sesini taklit ederken oyuncular da hafifçe öne eğilmiş kaşıklarını şıkırdatıyorlardı. Zurnacı kalın ve çatlak sesiyle türküyü söylemeye başlayınca oyuncular da yine kaşıklarını şıkırdatarak, dönerek oynamaya koyuldular. Renkli kuşakları havada uçuyor, kalın beyaz çorapları, kırmızı çarıkları göz alıyordu. İsviçreli oyunun başından bu yana elinde film makinesi, etraflarında dolaşarak kâh yakından kâh uzaktan oyuncuları filme alıyordu. Oyun sona erdiğinde hepsi soluk soluğa kalmışlardı, eğilerek alkışları selamladıktan sonra çimenliğin köşesine gidip gösterinin geri kalan bölümünü izlemek üzere yere bağdaş kurarak oturdular.

Nilgün çayırın ortasına geldi. "Silifke Ortaokulu'ndaki arkadaşlarımıza ve Şerife'ye çok teşekkür ederiz. Şimdi size ilginç bir yarışma sunacağız. Eşek yarışı!" deyince kalabalıktan bir kahkaha koptu. Nilgün de kendini tutamayıp güldü.

"Şükrü Amca ve arkadaşımız Mert, civar köylerden bize eşek buldu. Biz kampın içinde, ağaçların arasında dolanarak geçen bir yol çizdik. Eşekler ve biniciler bu yoldan geçerek turu tamamlayıp yine buraya gelecekler. Birinci gelene büyük ödül verilecek. Bu arada isteyenler eşeklerin üstüne bahse girebilirler. Şimdi, lütfen eşekleri buraya rica ediyorum."

Kahkahalar arasında Şükrü Amca'yla Göçmen Dayı eşekleri getirip sıraya dizdiler. Fakat o da ne? Eşeklerin biri pek tuhaftı, alışılmışın dışında bir eşek. Bir kez adamakıllı iriydi, neredeyse öbürlerinin iki katıydı gövdesi. Daha da ilginci, bembeyaz oluşuydu. Kocaman beyaz kulaklarını oynatırken, öbür eşeklere tepeden bakan bir hali vardı. Kalabalıktan heyecanlı konuşma ve gülüşmeler yükseliyordu.

Nilgün, "Hepiniz bu garip eşeğe şaştınız sanırım. Kendisini takdim edeyim, bu bir Kıbrıs eşeğidir," diyerek gerekli açıklamayı yaptı.

Geri kalan eşeklerden bir tanesi pek sıska ve çelimsizdi, diğerleri de boz renkte sıradan eşeklerdi. Sıska eşeğin uslu uslu durmasına karşın, boz eşekler kıpırdanıp duruyorlardı, hele de bir tanesi iyice huysuzlanmaya başladı. Davulcu yerinden kalkıp bu eşeğin yularından tutarak Şükrü Amca'yla Göçmen Dayı'ya yardımcı oldu. Mert çimenliğin öbür başında duruyordu. Tur sırasında hakemlik yapacaktı.

Nilgün sözünü sürdürdü. "Eşekler koşuya kalkınca Şükrü Amca'yla Göçmen Dayı onları izleyerek herhangi bir olaya neden olmalarını engelleyecekler. Mert de öbür başta hakemlik yapacak. Şimdi, yarışa katılmak isteyenler lütfen ortaya çıksınlar."

Nilgün son sözlerini güçlükle duyurabildi, çünkü huysuzlanan boz eşek bu kez de başını geriye atıp coşkuyla anırmaya başlamıştı. Eşeğin anırmasından fena halde korkan Benek, önce olduğu yerde bir sıçradı, sonra kendini bankların altında güvenceye alıp başladı kesik kesik havlamaya. Bir süre sonra cesaretlenerek eşeğe yaklaştı, çocukların da orada olduklarını görünce büsbütün yüreklenmiş anıran eşeğin etrafında dönerek havlıyor da havlıyordu. Öbür eşekler de bunca gürültüden rahatsız olmuşlar, sıra diye bir şey kalmamıştı. Nilgün koşup Benek'i tasmasından yakaladı. "Ne oluyor sana, Benek, her şeyi berbat edeceksin. Tanrım, nedir bu başımıza gelenler. Huysuz bir eşek, bu yetmezmiş gibi bir de kızgın Benek."

Şükrü Amca'yla Göçmen Dayı davulcunun da yardımıyla kısa süre içinde düzeni sağlamışlardı. Açıkgöz Emre koşup Kıbrıs eşeğinin yularına yapışmış, "Buna ben bineceğim!" diye bağırıyordu. Elvan'la İsviçreli birer boz eşek seçmişler, Hortlak'ın kocası da huysuzlanan eşeğe binmeye karar vermişti. Cılız eşek ortada kalmış, derin derin düşünüyordu.

Nilgün seslendi. "Haydi, bir eşek kaldı. Katılacak başka kimse yok mu?"

Ani bir kararla Hortlak ortaya çıktı. "Ben de ona bineceğim."

Bunun üzerine Esma Fazıla Teyze, "Aman Allahım, bu kızda hiç akıl yok. Kendi sakar, eşekte de hal yok," diye kendi kendine mırıldandıktan sonra seslendi. "Kızım bir yerini kıracaksın, vazgeç bu yarıştan."

Ama Hortlak davulcunun yardımıyla sıska eşeğe binmişti bile. Bu arada herkes bahse tutuşuyordu. Favori, Emre'nin bindiği Kıbrıs eşeğiydi. Öyle iri bir eşekti ki sadece bu onu yarışın birincisi yapmaya yeterdi. Birkaç kişi boz eşeğe oynarken sürpriz niyetine cılız eşeğe oynayanlar da yok değildi.

Nilgün çimenliğin ucunda bekleyen Mert'e baktıktan sonra son kez çıngırağı salladı.

"Yarışçılar hazır mı?"

"Hazırız."

Çoğu ilk kez bindikleri için eşeklerin üstünde pek iğreti duruyorlardı. Neyse ki Şükrü Amca, Göçmen Dayı ve davulcu yanlarındaydı.

"Dikkat! Başla!" Nilgün çıngırağı sallayınca biniciler eşeklerini koşturmaya başladılar. İsviçreli yetenekli bir müzisyen olabilirdi ama binici olarak pek de başarılı sayılmazdı. Eşek koştukça genç adam çalkalanıyor, tehlikeli biçimde bir o yana, bir bu yana düşecek gibi oluyor, davulcu yanında hızlı hızlı yürürken bir eliyle İsviçreliye destek oluyor, öbür eliyle yuları çekiştiriyordu. Hani davulcunun koca kara şalvarını savurtarak koşuşturması da görülecek şeydi.

Elvan bir yandan dizleriyle eşeği dürtüyor, eşek hızlanınca da, "Aman aman aman!" diye bağırıp yularını çekiyordu. Bu yüzden bir duruyor, bir ileri sıçrıyordu boz eşekçik.

Emre'ye gelince, o, kendini at yarışlarında jokey sanıyordu herhalde. Öne eğilmiş, başını eşeğin kocaman beyaz kulakları arasına uzatmış, "Deeh aslanım, deeh!" diye bar bar bağırıyordu.

İlk dönemece geldiklerinde Hortlak'ın kocası birden gözden kayboluverdi. Bu kargaşaya dayanamayan huysuz eşek, çadırların olduğu bölgeye doğru anırarak alabildiğine koşuyordu. Elvan'ın yanında giden Şükrü Amca onu bırakıp huysuz eşeğin peşine düştü, bir yandan da "Çüşş, çüşş!" diye bağırarak onu durdurmaya çalışıyordu. Ama eşek sinirlenmişti bir kez, gözünün ne binicisini ne de Şükrü Amca'yı gördüğü vardı. Gönlünce çadırların arasında koşturuyor da koşturuyordu. Böylece Hortlak'ın kocası daha yarışın ilk yarısında elendi. Hortlak'a gelince, o hayatından pek memnundu. Cılız eşek çizilen yolda uslu uslu, tırıs tırıs gidiyordu.

Turun yarısı tamamlanmış, geri dönüyorlardı. Seyirciler kendi oynadıkları eşeğin binicisine cesaret veriyor, bağırışlar, kahkahalar gırla gidiyordu. Emre en öndeydi, koca eşek olanca hızıyla koşuyordu. Arkasından Elvan'la Hortlak, en arkadan da eğile büküle İsviçreli geliyordu.

Birden ne olduysa koca eşek zınk diye duruverdi. Emre de havada gerçekten kusursuz bir kavis çizerek eşeğin tam önüne düştü. Göçmen Dayı, Emre'nin yardımına koşarken, izleyiciler gülmekten katılıyordu. Emre'nin üstü başı toz içinde kalmıştı, yerden fırlayıp hemen eşeğin üstüne atladı, yarışı kimseye kaptırmaya niyeti yoktu. Fakat bu kez de Kıbrıs eşeğinin inadı tuttu, yerinden kıpırdamıyordu bile. Göçmen Dayı itiyor, yularını çekiyor, Emre dizleriyle karnına vuruyor, eşek ise Nuh diyor peygamber demiyordu. Elvan, Hortlak, hatta İsviçreli bile geçmişlerdi zavallı Emre'yi. Emre hırsından mosmor kesilmiş yüzüyle uğraşır dururken, onlar bitiş çizgisine çoktan yaklaşmışlardı. Son anda Elvan'ın eşeği ani bir hamle yapıp hızlandı ama Elvan yine, "Aman aman aman!" diyerek yuları çekince eşek bir parça yavaşlayacağına iyice duraladı. Bu arada Hortlak'ın uslu uslu giden eşeği, etrafında olup bitenlerden habersizmişçesine temposunu bozmadan bitiş çizgisini geçerek birinciliği aldı. Herkes bu sürpriz sonu çılgınca alkışlıyordu. Elvan'ın yavaşlaması, hâlâ bir o yana, bir bu yana devrilerek ilerleyen İsviçrelinin ona yetişmesine neden olunca onlar da yarışı aynı anda bitirdiler.

Nilgün sonuçları ilan ediyordu.

"Çok ilginç bir yarış izledik, sayın konuklar. İki yarışçımız, ki bunlardan biri yarışın favorisiydi, elde olmayan nedenlerle elendiler, buna karşılık en beklenmedik yarışçımız birinciliği alırken, diğer iki yarışçımız aynı anda ikinci oldular. Bu arada üçüncülük boşta kaldı. Şimdi çok sevgili Esma Fazıla Teyzemizden ödülleri vermesini rica edeceğiz."

Esma Fazıla Teyze masanın üzerinde duran beyaz papatyalardan hazırlanmış kolyeyi alıp Hortlak'ın boynuna geçirirken "Şükürler olsun, kazasız belasız bitirdin şu yarışı. O koca eşeğe karşı senin cılız eşek nasıl kazandı, hayret!" diye mırıldanıyordu.

Hortlak, "Esma Fazıla Teyzeciğim, bizim yarış birazcık tavşanla kaplumbağanın yarışı öyküsüne benzedi," diyerek sarılıp tombul kadını öptü. Eşeğin boynuna da beyaz papatyalardan bir kolye geçirildikten sonra sarı papatyalardan yapılmış kolyeler, teselli ödülü olarak ikincilerle eşeklerin boynuna takıldı. Ödül töreni alkışlar arasında pek görkemli bir biçimde sona ermişti. Nilgün sunuculuğunu sürdürdü.

"Ve şimdi, sıra özel ödüllerin dağıtımına geldi," dedi. Çimenlikteki kalabalık sessizlik içinde, daha doğrusu merakla dinliyordu. "Bizler düşündük taşındık ve kamp tatili sona ererken unutulmayacak kişilikleri nedeniyle bazı kimselere özel ödüller vermeyi kararlaştırdık. Özel ödüller için böyle bir geceden uygun zaman olamayacağını düşünerek bunu sizlerin önünde gerçekleştirmeye karar verdik. Ödüllerin ilginç yanı, onların arkadaşımız Şerife tarafından hazırlanmış olmasıdır. Tüm ödüller onları kazananlarla ilgili, beyaz kâğıda kara kalemle çizilmiş karikatürlerden oluşuyor."

İzleyicilerden bir mırıltı yükseldi, bu ödül biçimi çok ilginç gelmişti herkese.

Nilgün, "Ödül alanlardan ricamız, karikatürlerini havada tutarak göstermeleridir. Gerçekten güzel olan bu çizgileri herkesin görmek isteyeceğini sanıyoruz," dedikten sonra, "Arkadaşımız Şerife'nin yapıtlarıyla birlikte buraya gelmesini rica ediyorum," diyerek Şerife'yi çimenliğe çağırdı. Şerife elinde bir deste resim kâğıdıyla Nilgün'ün yanına yürürken, bir alkış koptu. Nilgün de hararetle arkadaşını alkışlıyordu.

"Evet, ödülleri açıklıyorum. Birinci Ödül! 'Kampın Sevgilisi Ödülü.' Bunu Esma Fazıla Teyzemiz kazanmıştır."

Alkışlar, alkışlar.

Esma Fazıla Teyze, gözlerinde biriken yaşları silerek "İlahi çocuklar, nereden de çıkarırsınız böyle şeyleri," diye sözde yakınır gibi, ama pek de mutlu bir halde söylendikten sonra, uzun mavi eteklerini toplayıp çimenliğin ortasına geldi.

Nilgün, karikatürünü ona uzatırken "Kutlarım Esma Fazıla Teyzeciğim," dedi.

Tombul kadın alçak sesle, "Seni hınzır seni, bütün bunlar hep senin başının altından çıkmıştır eminim," diye fısıldadı.

"Tüm kararlar oy birliğiyle alındı. Siz sadece benim değil, bütün kampın sevgilisisiniz," diye fısıldadı Nilgün, sonra yüksek sesle, "Lütfen kâğıdı havaya kaldırıp izleyicilere gösterebilir misiniz?" dedi.

Kamp mutfağında, tencereler, tavalar arasında yemek yapan Esma Fazıla Teyze'nin karikatürüydü bu. Abartılı bir biçimde çizilen kulaklarındaki küpelerle, parmaklarındaki yüzükler onun süse düşkünlüğünü vurguluyordu. Karikatür çok beğenilmişti. Esma Fazıla Teyze alkışları selamladıktan sonra mavi eteklerini savurtarak yerine döndü.

"İkinci Ödül! 'Dayanıklılık Ödülü'nü Mine Ablamız kazanmıştır. Onca aksilikten sonra bugün hâlâ sapasağlam oluşu gerçek bir mucize."

Hortlak gülerek yerinden kalktı ve Nilgün'ün elinden aldığı kâğıdı havada tutarak düzlüğü dolaştı. Koltuk değnekleriyle yürüyen, her yanı sargılar içindeki bir kadının resmiydi bu.

"Üçüncü Ödül!" 'Kahramanlık Ödülü'nü kahraman köpek Benek kazanmıştır."

Bu ödül sahibi en çok alkışı çocuklardan topladı.

Nilgün, "Benek, Benek, gel buraya!" deyince keyifli keyifli kuyruğunu sallayarak ortaya çıktı Benek. Onun ödülü mavi kurdeleyle bağlanmış bir paketti. Nilgün paketi uzatınca Benek önce bir kokladı, sonra kaptığı gibi aldı ve hiçbir nezaket kuralına uymayacak biçimde paketi açmaya başladı. Hırlıyor, ağzına alıp şiddetle iki yana sallıyor, kâğıtları paralıyordu. Kâğıtlarla kurdele bir kenara atılınca ortaya kocaman, enfes bir kemik çıkmıştı. Kemiği ağzına alan Benek, bu değerli malını saklamak üzere alkışlar ve kahkahalar arasında çimenlikten olanca gücüyle koşarak uzaklaştı.

İrem yanında oturan Emre'yle Elvan'a dönerek, "Biliyor musunuz, Benek, Şerife'nin olacak," dedi.

Emre bunun üzerine sorular sormaya başladı. "Deme! Ne zaman? Nasıl? Niçin?"

İrem, "Sakin ol, sakin ol. Konu bu sabah açıldı. Şükrü Amca kamp kapanınca burada kimse kalmayacağına göre Benek'i götürüp Mersin'e bırakmayı düşünüyordu. Ama ya Mersin'de sahibini bulamazsa, köpekçik ne yapar diye tartışıyorduk ki Şerife, 'Benek'i ben alabilirim. Bizim bahçeler geniş, sonra Ahmet ağabeyim ava meraklı, Benek onun işine yarar,' dedi. Şükrü Amca bir an düşündükten sonra, 'Neden olmasın, sahibini ya bulur ya bulamaz. Bulamazsa yazık olur köpeğe. Pekâlâ Şerife, istiyorsan sen al Benek'i,' dedi. Böylece Benek de Şerife'nin oldu."

Emre, "Bak buna çok sevindim. Artık ne zaman istesek Şerife'ye gidip Benek'i sevebiliriz. Onu bir daha göremeyeceğiz, kaybolup gidecek diye bayağı canım sıkılıyordu," diye konuşmasını sürdürürken "ödül", "Emre" gibi sözcükler duyunca irkildi. Nilgün onlara bakıp gülerek bir şeyler söylüyordu. Ne oluyordu?

"Evet sayın konuklar, 'Büyük Casusluk Ödülü'nün sahibi arkadaşımız Emre, öylesine konuşmaya dalmıştı ki çağrımızı duymadı bile. Yineliyorum, dördüncü ödül, 'Büyük Casusluk Ödülü' Emre arkadaşımızın."

Alkışlar arasında ayağa kalkan Emre, yüzü kıpkırmızı, çimenliğin ortasına koşup Şerife'nin elinden aldığı kâğıdı havaya kaldırarak herkese gösterdi. Resimde Emre başında gözlerine kadar inen bir kasket, üzerinde yerlere kadar uzanan eski bir yağmurluk, bir köşeye sinmiş, elinde kocaman bir büyüteçle yerleri incelerken görülüyordu. İşin iç yüzünü bilenler, hele de yaşlı Fransız hararetle alkışlarken, diğerleri neler olup bittiğini pek anlayamamışlardı.

"Ve şimdi sonuncu ama en önemli ödülümüz!" Nilgün derin bir soluk alıp etrafına bakındıktan sonra, "En iyi Gazeteci Ödülü'nü Bay Jacques Renoir kazanmıştır, lütfen alkışlayalım," derken Nilgün de, arkadaşları da keyiflerinden bayılacaklardı neredeyse. Oh, şu kamptaki casusa ne güzel oyun oynamışlar, onun kimliğini çoktan bildiklerini işte böylece açıklayıvermişlerdi.

Genç İsviçreli şaşkın şaşkın etrafına bakındı, ama adının yinelendiğini duyunca kalktı ve soran bakışlarla Nilgün'e yaklaştı. Nilgün sunuşunu sürdürüyordu.

"Bu gördüğünüz bey, bir gazete yazarıdır. Yurdumuzdaki turistik tesisleri incelemek için gelmiş, ama bunu herkesten saklamıştır. Amacı sıradan bir turist gibi görünerek tesisleri rahat rahat izlemekti. Fakat biz onun kimliğini ortaya çıkardık ve kendisini bu ödüle layık gördük."

Sakallı adam bembeyaz dişlerini göstererek gülüyor, elleriyle de hiçbir şey anlamadığını anlatıyordu. Nilgün bu kez İsviçreliye dönerek söylediklerini ona anlatmaya çabaladı. Genç adam hayretler içinde dinliyor, arada bir başını sallıyordu. Bir ara, "Yanılıyorsunuz," diyecek oldu.

Nilgün gülerek "Yok yok, hiç de yanılmıyoruz," dedi.

O sırada yaşlı Fransızın kendilerine doğru geldiğini gören Nilgün, "İşte tanığımız," deyince İsviçreli, yaşlı adama dönüp neler olup bittiğini sordu. Yaşlı Fransızın durumu pek eğlenceli bulduğu her halinden belli oluyordu. İsviçreliye, Nilgün'ün söylediklerini yineleyince genç adam hemen karşı çıktı.

"Fakat bunlar nereden çıktı? O kadar istiyorsanız ödülü alırım ama ben gazeteci filan değilim," diye direniyordu. Adamın bunca direnmesi çocukların garibine gitti yoksa... yoksa yine yanılmışlar mıydı? Yalvararak soran gözlerle yaşlı Fransıza dönüp baktı Nilgün'le Emre.

Yaşlı adam yüzünde muzip bir gülümsemeyle piposunu dişlerinin arasına sıkıştırarak Şerife'nin elinden resmi aldı ve "Beni bu ödüle layık gördüğünüz için size çok teşekkür ederim," dedi.

Çocuklar şaşkınlık içindeydiler, neler oluyordu? İsviçreli de şaşkındı, izleyenler ise soru dolu bir sessizlik içindeydiler.

Yaşlı adam Nilgün'e uzun uzun bir şeyler anlattı. Nilgün onu dinlerken renkten renge giriyordu. Öteki çocuklar meraktan çatlayacak hale gelmişlerdi.

“Ne diyor, Nilgün ne diyor?”

Sonunda Nilgün, “Çocuklar biz kocaman bir yanılgıya düşmüşüz. Kamptaki casus İsviçreli değil, bizim ak saçlı ak sakallı Fransız dostumuzmuş,” diye müthiş açıklamayı yaptı.

“Şaka mı ediyorsun?”

“Nee?”

“Ama hani o bize genç İsviçrelinin meçhul gazeteci olduğunu söylemişti?” Bunu soran Emre pek üzgündü.

“Bizi şaşırtmak için yapmış, ‘Yoksa o cin gibi akıllı çocuk, beni bulacak diye korktum,’ diyor.”

Tüm düş kırıklığına karşın, bu sözler Emre’nin hoşuna gitmişti doğrusu. Yaşlı Fransız şimdi de dönmüş, genç İsviçreliye olan biteni anlatıyordu. İsviçreli gülmeye başladı, bir yandan da yaşlı adama parmağını sallıyordu.

Elvan, “Kimse ne olduğunu anlayamadı, haydi Nilgün, durumu açıkla,” diye uyardı Nilgün’ü.

Nilgün, “Yanılgımızı açıklamak hiç de kolay değil ama deneyelim,” dedikten sonra, “Sayın Konuklar,” diye başladı. “Burada ilginç bazı gelişmeler oldu. Az önce meçhul bir gazeteciden söz etmiştim. Biz onu bulduğumuzu sanıp ödüllendirmek istemiştik ama yanılmışız. Yurdumuzdaki tesisleri incelemeye gelen o gazeteci bu genç bey değil, meğer bizim yaşlı Fransız dostumuzmuş.”

Kalabalıktan hayret dolu sesler yükselirken yaşlı Fransız, Nilgün’le Şerife’ye sarılarak bir şeyler anlattı. Açıklaması da yine Nilgün’e düştü. Bu sözleri büyük bir ilgiyle dinleyenlerden biri de Şükrü Amca’ydı kuşkusuz.

“‘Yazı hayatını sürdürmekte olan emekli bir gazeteciyim ben. Yaşım epeyce ilerlemiş olduğundan artık görev için oradan oraya koşmak yerine, tatil için gittiğim yerlerde, yazılarımı daha yavaş bir tempoda yazıyor, böylelikle hem tatil yapıyor hem de yolumun üstünde gördüğüm ve kaldığım yerler hakkında bilgi veriyorum dergime,' diyor. Burada doğayı ve tesisi çok beğendiğini söylüyor. Ama daha çok da kişilerin arasındaki dayanışma, yardımlaşma ve sevgiye hayran olduğunu belirtiyor. 'Fransa'ya döner dönmez, yazımı, çektiğim renkli fotoğraflarla birlikte çalıştığım dergiye vereceğim,' diyor." Nilgün bu sözleri söylerken Şükrü Amca'nın gözünün içine bakıyor ve başardık, başardık, diye düşünüyor, içinden bu düşüncesini haykırmak geliyordu. Gözleriyle öbür arkadaşlarını aradı, evet, son söylediği cümle küçük grubun arasında bir elektrik akımı gibi hızla dolaştı. Hepsi ayrı ayrı yerlerde durdukları halde, "Başardık, başardık" dercesine gözleriyle birbirlerini bulup olayı kutluyorlardı. Hepsi Şükrü Amca için öylesine mutluydular ki...

Nilgün devam etti. "Şimdi bizlerden adres istiyor, derginin o sayısından hepimize birer tane postalayacakmış. 'Kim bilir,' diyor. 'Belki de bu güzel tesisin..." Nilgün sözün burasında Şükrü Amca'ya doğru hafifçe eğilerek gülümsedi. "Giriş kapısının önünde, o güzel çiçeklerin arasında, ortanızda Şükrü Bey'le çektiğim resminiz, dergiye kapak olur.'"

Nilgün bunları aktarınca ortalığı inleten bir alkış koptu. Yaşlı adam öbür çocukları da çağırdı. Emre'yle ikizler ve Mert de yanına gelince, eliyle çocukları göstererek alkışlamaya başladı. Kısa sürede ne demek istediğini anlayan diğer konuklar da yaşlı adamın alkışlarına katıldılar. Alkışlar, şimdi çocuklaraydı. Onların çabalarınaydı. Çocuklar anlatılması güç duygular içindeydiler. Heyecan, mutluluk, övünç... Tatil ne güzel biçimde sona eriyordu.

Saatler uçup gitmiş, ufak ufak yıldızcıklar, son gece şenliğinin bittiğini bildirircesine, koyu mavi gökyüzünde teker teker yanmaya başlamışlardı.

Çocukların yüreklerindeki sevgi, tıpkı yıldızcıkların gökyüzünü aydınlattığı gibi, yaşamı aydınlatıyor, bu sevgiyle birbirine uzanan küçük ellerin neler neler başarabileceğini ortaya koyuyordu.